Johannes Huber

Zur Kritik moderner Schöpfungslehren

Johannes Huber

Zur Kritik moderner Schöpfungslehren

ISBN/EAN: 9783743440760

Hergestellt in Europa, USA, Kanada, Australien, Japan

Cover: Foto ©ninafisch / pixelio.de

Weitere Bücher finden Sie auf **www.hansebooks.com**

Zur

Kritik moderner Schöpfungslehren

mit besonderer Rücksicht

auf

Häckel's „Natürliche Schöpfungsgeschichte"

von

Johannes Huber.

München.
Theodor Ackermann
1875.

Zur
Kritik moderner Schöpfungslehren

mit besonderer Rücksicht

auf

Häckel's „Natürliche Schöpfungsgeschichte"

von

Johannes Huber.

München.
Theodor Ackermann.
1875.

Unter den vorzüglichen Eigenschaften, welche Darwin als Naturforscher auszeichnen ist nicht die geringste seine wissenschaftliche Aufrichtigkeit, wonach er die Einwürfe der Gegner nach ihrem vollen Gewichte würdigt. Wo ihm aber die Widerlegung unmöglich dünkt, da steht er nicht an, die Schwächen seiner Theorie zu bekennen und an ihren Sätzen zu modificiren. Die natürliche und geschlechtliche Zuchtwahl bildet bekanntlich das Fundament seiner Anschauungen; mit ihr erklärt er den Formenwechsel und den Zusammenhang der Abstammung in der organischen Natur und von ihr hat darum auch seine Lehre den Namen der Selectionstheorie erhalten. Würde dieses Fundament erschüttert, so müßte selbstverständlich die Entstehung der Arten aus einander auch noch durch andere Hypothesen erklärt werden. Nicht wenig hat es darum überrascht, als Darwin in seinen letzten Publicationen die Bedeutung der Zuchtwahl für die Bildung der Arten zu beschränken und zum Theil geradezu fallen zu lassen begann. In dem Buch von der „Abstammung des Menschen" macht er das Geständniß, der Wirkung der natürlichen Zuchtwahl oder dem Ueberleben des Passendsten früher wahrscheinlich zu viel zugeschrieben zu haben. „Ich hatte früher," sagt er, „die Existenz vieler Structurverhältnisse nicht hinreichend beobachtet, welche, soweit wir es beurtheilen können, weder wohlthätig noch schädlich zu sein scheinen, und ich glaube, dieß ist eines der größten

Versehen, welche ich bis jetzt in meinem Werk entdeckt habe." [1] „Ohne Zweifel," fügt er an einer anderen Stelle bei, „bietet der Mensch, ebenso gut wie jedes andere Thier, Gebilde dar, welche, soweit wir mit unserer geringen Kenntniß urtheilen können, jetzt von keinem Nutzen mehr für ihn sind und es auch nicht während einer früheren Periode seiner Existenz, weder in Bezug auf seine allgemeinen Lebensbedingungen noch in der Beziehung des einen Geschlechts zum andern, gewesen sind. Derartige Gebilde können durch keine Form der Zuchtwahl, ebenso wenig wie durch die vererbten Wirkungen des Gebrauchs oder Nichtgebrauchs von Theilen, erklärt werden." [2]

Mit so deutlichen Worten, daß an ihrem Sinne nicht gerüttelt werden kann, spricht hier Darwin die Unzulänglichkeit seines Princips für die vollständige Lösung des Problems von der Artenbildung aus. Gleichen Erklärungen begegnen wir auch in den letzten Ausgaben seines grundlegenden Werkes von der „Entstehung der Arten durch natürliche Zuchtwahl", in welchem ein ganz neues Capitel eingeschaltet ist und worin er sich mit den Einwendungen mehrerer Naturforscher gegen seine Lehre eingehend beschäftigt. Freilich ist die Zahl dieser Einwürfe noch beträchtlich größer als sie hier von Darwin berücksichtigt werden; aber bei der ungeheuren Ausdehnung, welche die Untersuchungen über die Selections- und Descendenz-Theorie gewonnen haben, kann man auch nicht verlangen, daß er sie alle sich zur Kenntniß bringe. Andrerseits wird ihm insbesondere die Beachtung der deutschen Literatur dadurch erschwert, daß er ihrer Sprache nicht vollständig mächtig ist. In diesem neu eingefügten siebenten Capitel wird bezüglich mancher morphologischen Merkmale an Pflanzen, welche für dieselben von keinem speciellen Nutzen sein können, zugegeben, daß sie nicht von der natürlichen Zuchtwahl beeinflußt worden seien. „Ich bin zu glauben geneigt,"

---

[1] In der ersten Auflage der deutschen Uebersetzung von V. Carus, I, 132 ff.
[2] Ibid. II, 341.

heißt es hier, „daß morphologische Differenzen, welche wir als bedeutungsvoll betrachten, wie die Anordnung der Blätter, die Abtheilungen der Blüthe oder des Ovarium, die Stellung der Eichen u. s. w., zuerst in vielen Fällen als fluctuirende Abänderungen erschienen sind, welche früher oder später durch die Natur des Organismus und der umgebenden Bedingungen, ebenso wie durch Kreuzung verschiedener Individuen, aber nicht durch natürliche Zuchtwahl constant geworden sind."[1]) Die hier auftretende Betonung der Natur des Organismus, d. i. seiner chemischen Zusammensetzung und inneren Formbildung und der Gesetze seines Wachsthums, seiner Ernährung und Fortpflanzung, als der hauptsächlichsten Ursache für die morphologischen Veränderungen gegenüber der Wirksamkeit der natürlichen Zuchtwahl und Anpassung begegnet uns an einer anderen Stelle in dem Buche von der „Abstammung des Menschen" noch viel schärfer. „Wir wissen," sagt Darwin, „daß viele fremdartige und scharf ausgesprochene Eigenthümlichkeiten der Bildung gelegentlich bei unseren domesticirten Erzeugnissen erscheinen, und wenn die unbekannten Ursachen, welche sie hervorrufen, gleichförmig wirkten, so würden sie wahrscheinlich allen Individuen der Species gemeinsam zukommen. . . . In der größeren Zahl der Fälle können wir nur sagen, daß die Ursache einer jeden unbedeutenden Abänderung oder einer jeden Monstrosität viel mehr in der Natur oder der Constitution des Organismus als in der Natur der umgebenden Bedingungen liegt, obschon neue und veränderte Bedingungen gewiß eine bedeutende Rolle im Hervorrufen organischer Veränderungen aller Arten spielen."[2])

Je mehr aber die Natur des Organismus als die primäre Ursache der Gestaltbildung constatirt und die Bedeutung der natürlichen Zuchtwahl und Anpassung für dieselbe herabgedrückt wird, um so deutlicher erhellt, daß die Lösung des Problems von der Artenbildung vor Allem die Untersuchung der eigenthümlichen Beschaffen-

---

[1]) In der fünften Auflage der Uebersetzung von V. Carus, S. 238 ff.
[2]) II, 341.

heit der besonderen Organisationen zur Bedingung hat, wodurch sich auch erst über die Variationsbreite derselben mit größerer Sicherheit bestimmen läßt. Erst durch solche Detailforschungen wird ein fester Boden für die Erkenntniß von der Entstehung der Arten geschaffen; freilich aber schiebt sich dadurch die Lösung des Problems, welche Darwin gleichsam im Sturme gewinnen wollte, in eine unbestimmte Zukunft hinaus.

Wenn demnach die Selectionstheorie in ihrer ursprünglichen Fassung die Eigenthümlichkeiten der Organisationen aus ihrer Nützlichkeit für dieselben ableitete, so finden wir gegenwärtig in Darwins Ansichten die Wandlung, daß er eine ganze Reihe von Gebilden an den Arten als nutzlos — jetzt sowohl als in der Zeit ihres früheren Bestandes — zugesteht, sie nicht mehr aus der Wirksamkeit der natürlichen Zuchtwahl, sondern aus der Natur oder Constitution der Organismen entspringen läßt, und auf solche Weise sein Princip als nicht ausreichend für die Erklärung der Entstehung der Arten bezeichnet.

Noch einen Schritt weiter, und — wieder nach Darwins eigenen Worten — seine Theorie wäre vollständig vernichtet. Nämlich dann, wenn an irgend einer Species der Nachweis von Einrichtungen gelänge, die zum ausschließlichen Besten einer andern gebildet und ihr selbst schädlich sind.[1]) Dieser Nachweis wurde allerdings bereits versucht, aber Darwin vermag, wenigstens in den von ihm selbst angeführten Fällen, denselben noch immer plausibel abzuwehren.

Daß die Selectionstheorie an einem neuen Stadium ihres Schicksals angekommen ist, wird von Freunden derselben selbst ausgesprochen, wie z. B. von Spengel. Derselbe kann auch nicht umhin, die Thatsache zu constatiren, daß, wenn auch die Descendenztheorie trotz der mancherlei Schwierigkeiten, auf die sie im Einzelnen noch stoße, sich doch im Allgemeinen die Anerkennung fast aller competenten und vorurtheilsfreien Naturforscher errungen habe, es ganz anders mit der Zuchtwahl-Theorie steht, indem mancher, den

---

[1]) Entstehung der Arten, S. 222 ff.

man als Darwinisten zu bezeichnen pflege — statt als Descendenz=
theoretiker — nichts weniger als ein Anhänger der natural selection
sei, und unter warmen Anhängern Darwins sich gar viele fänden,
welche der natürlichen Zuchtwahl zwar eine gewisse, selbst hohe Be=
deutung zuschrieben, dennoch aber sich von derselben nicht befriedigt
erklären könnten. [1])

Den gleichen Geist der Unbefangenheit, der sich der Kritik nicht
verschließt und von jedem Unfehlbarkeitsdünkel fern ist, kann man
nicht immer Darwins Schülern nachrühmen. Sie haben seine
Lehre, früher als er vielleicht selbst daran dachte, über die Grenzen
hinausgeführt, innerhalb deren er sie anfänglich festhielt, und es ist
nicht unwahrscheinlich, daß diese Pression ihm die kühnen Schritte,
die er in den Werken von der „Abstammung des Menschen" und
„von dem Ausdruck der Gemüthsbewegungen" in das Gebiet der
Psychologie des Menschen unternahm, minder vorsichtig machen ließ.
Vor allen ist unter diesen Schülern Ernst Häckel zu nennen, geist=
reich und gewandt in der Darstellung, doch bei allebem ein Dog=
matiker der schlimmsten Sorte. Die fünf Auflagen seiner „natür=
lichen Schöpfungsgeschichte" sind sich rasch gefolgt; aber wenn auch
das Buch fortwährend an Breite zunahm — an nüchterner und
kritischer Besonnenheit ist es nicht gewachsen. Von ihr, wie von
Häckel's kleiner Schrift „über die Entstehung und den Stammbaum
des Menschengeschlechts" konnte daher ein so gründlicher Forscher,
wie Rütimeyer, welcher sich selbst zur Descendenzlehre bekennt, ur=
theilen: daß der Verfasser auf das Prädicat der Wissenschaftlichkeit
für diese Arbeiten wohl selbst keinen Anspruch machen werde; er
habe darin alles mögliche gethan, um dem Leser den Hintergrund
wissenschaftlicher Ergebnisse nicht in zu großer Nähe fühlen zu
lassen. . . . „Diese Schriften," fährt Rütimeyer fort, „bilden eine
Art von — wir wollen nicht hoffen — Zukunftsliteratur, aber einer
Phantasieliteratur, wie sie auf einem andern Gebiet des Denkens
sich allerdings einer großen Popularität erfreut, auf wissenschaft=

---

[1]) In H. Klein's „Revue der Fortschritte der Naturwissenschaften," I, 448 ff.

lichem Gebiete aber an eine weit zurückliegende Vergangenheit erinnert, wonach Beobachtungen nur als Mörtel für die von der Phantasie gelieferten Bausteine dienten, während man heutzutage gewohnt ist, das umgekehrte Verhältniß zu verlangen." Von den Illustrationen, welche die erste Auflage begleiteten, deutet dieser Kritiker an, daß sie bisher in vertrauten Kreisen mehr als Spielereien des Witzes gegolten haben. Wohl dürfte man erwarten, setzt er bezüglich der Abbildungen hinzu, daß ein Forscher, der sehr genau weiß, daß auf keinem Gebiete Zeichnungen, zumal wenn so weittragende Schlüsse darauf gebaut werden sollen, größere Scrupulosität und Gewissenhaftigkeit erheischen, als auf diesem, seine Vorlagen nicht zu speculativen Zwecken willkürlich modelliren oder generalisiren werde, wie dies nachweislichermaßen in Häckels Schöpfungsgeschichte geschehen sei. Und so protestirt er schließlich gegen ein solches „Spieltreiben mit dem Publikum und mit der Wissenschaft." [1])

Der immerhin lobenswerthe Eifer für die Herstellung einer Weltanschauung aus einem Guß hat Häckel vielfach zu Behauptungen verleitet, die entweder ohne hinreichende Begründung oder geradezu irrthümlich sind. Besonders leicht glaubte er es sich in der Behandlung allgemein=philosophischer Fragen machen zu dürfen; mit kurzen und orakelnden Sprüchen über die schwierigsten Probleme hinwegspringend gibt er seinen Lesern Worte, wo es sich um Erkenntnisse handelt. Er beklagt sich zwar über den Mangel philosophischer Bildung bei den meisten Naturforschern der Gegenwart, [2]) aber es ist nicht wahrzunehmen, daß er sich selbst mit Logik und Philosophie gründlich beschäftigt habe.

Von vorn herein treten uns schon in seinen Grundanschauungen Widersprüche und Unklarheiten entgegen. Er bekennt sich in einem Athemzug zu Demokrit von Abdera, welcher die Entstehung aller Dinge und auch des menschlichen Geistes aus dem blinden Zusammen=

---

[1]) Archiv für Anthropologie, Braunschweig 1868, III, 301 ff.
[2]) Natürliche Schöpfungsgeschichte, vierte Auflage, Berlin 1873, S. 640. Die jüngst erschienene fünfte Auflage ist nur ein unveränderter Abdruck.

treten von Stoff-Atomen ableitete, und dann zu Giordano Bruno, der die Gottheit als Weltseele und die Natur als die Verwirklichung und Erscheinung göttlicher Ideen erfaßte, also im Widerspruche mit Demokrit idealistisch und teleologisch dachte. [1]) Er spricht von der Beseelung aller Materie, von der Untrennbarkeit der geistigen Kraft und des körperlichen Stoffs, nennt das Geistige und das Körperliche unzertrennlich verbundene, in der innigsten Wechselwirkung stehende Seiten der Natur [2]) — lauter Erklärungen, wonach dem Stoffe keine Priorität vor dem Geiste zukommt und jener nicht als Ursache des letzteren erscheint, also keineswegs Materialismus, sondern etwa Spinozismus oder Schelling'sche Identitätsphilosophie gelehrt wird. Dennoch aber nennt Häckel seine Doctrin eine materialistische. Wenn Stoff und Geist gleich ursprünglich sind, der Stoff aber mechanisch, der Geist durch Zwecke bewegt wird, so ist nach Häckels Princip sowohl die mechanische Causalität als die Teleologie der Natur immanent. Trotzdem aber, daß er auf solche Weise ein Princip der gegebenen Welt statuirt und als eine Erkenntniß formulirt, sagt er wieder, daß alle unsere Erkenntniß beschränkt sei und wir niemals die letzten Gründe irgend einer Erscheinung, also auch wohl nicht der Welterscheinung, zu erfassen vermögen. [3])

Vielfach schief oder geradezu irrthümlich sind seine Berichterstattungen aus der Geschichte der Philosophie und der Naturwissenschaft. So zeigt er kein Verständniß von dem Begriffe der Materie und der Entwicklungslehre bei Aristoteles; [4]) so ist es

---

[1]) Ibid. p. 20 ff.
[2]) Ibid. p. 20 u. 651.
[3]) Ibid p. 29.
[4]) Es verräth wieder eine vollständige Unbekanntschaft mit Aristoteles und den neueren Forschungen über dessen naturwissenschaftliche Kenntnisse, wenn Häckel in seiner „Anthropogonie, Entwicklungsgeschichte des Menschen, Leipzig, 1874," p. 22 ff., von demselben behauptet, er habe die ganz eigenthümliche Fortpflanzungs- und Entwicklungsweise der Tintenfische, die sogenannte Parthenogenesis der Bienen und den Hermaphrodismus gewisser Fische gelaunt. Lewes (Aristoteles, ein Abschnitt aus einer Geschichte der Wissenschaften, übersetzt von Carus, Leipzig 1865

— 10 —

mindestens nicht genau, wenn von Oken gesagt wird, er habe die Entwicklung des Menschen aus niederen Organismen behauptet, und geradezu falsch, wenn derselbe als ein Nebenbuhler Göthe's in der Begründung der Wirbeltheorie des Schädels bezeichnet wird, da ihm die Priorität dieser Entdeckung gebührt.¹) Von Schellings Naturphilosophie, welche die Idee der Entwicklung consequent durchführte, scheint Häckel nichts Näheres vernommen zu haben

Die ganze Kraft seiner Argumentationen kehrt er gegen die teleologische Weltanschauung, die er als eine dualistische bezeichnet.

„Die Philosophen," sagt er, „welche jener Teleologie huldigen, müssen nothwendigerweise zwei grundverschiedene Naturen annehmen, eine anorganische Natur, welche durch mechanisch wirkende Ursachen (causae efficientes) und eine organische Natur, welche durch zweckmäßig thätige Ursachen (causae finales) erklärt werden muß." ²) Und über das Geschlecht jener Denker, welche auf die Teleologie den Theismus begründen wollen, spricht er sich mit vornehmem Bewußtsein dahin aus: daß dasselbe einer niedern thierischen Entwicklungsstufe des menschlichen Organismus entspreche. ³) Häckel's Meister hingegen, Darwin nämlich, sagt: „Die Frage, ob ein Schöpfer und Regierer des Weltalls existirt, ist von den größten Geistern, welche je gelebt haben, bejahend beantwortet worden." ⁴) Steht demnach vielleicht auch Darwin auf einer niedern thierischen Entwicklungsstufe? ⁵)

---

p. 199 ff,) hat nachgewiesen, daß moderne Naturforscher einer Täuschung unterlagen, wenn sie diese Entdeckungen bei dem alten Philosophen anticipirt glaubten.
¹) Ibid. p. 69, 86 ff.
²) Ibid. p. 19, ff. 67, 89 u. f. w.
³) Ibid. p. 64.
⁴) Abstammung des Menschen, I, 55.
⁵) Diese geistige Beschränktheit Darwins wird Häckel leicht aus Atavismus erklären können, nachdem er ja auch die Descendenztheorie ihm durch Vererbung zukommen läßt. Der merkwürdige Satz (Anthropogenie p. 77) lautet: „Die bedeutendste von den naturphilosophischen Schriften (des Erasmus Darwin) ist die 1794 erschienene „Zoonomie", in welcher er ähnliche Ansichten wie Göthe und

Was aber die teleologische Weltanschauung angeht, so ist auch ihr das Universum ein einheitliches, nur erkennt sie die mechanischen Ursachen, die sie nicht läugnet, nicht als die letzten, sondern als erst nach Existenz wie nach Beschaffenheit zu erklärende an. Wäre das Universum nur ein Mechanismus, so ist dieser selbst ein Problem, das gelöst werden will. Denn die Grundlage dieses Mechanismus sind nach heutiger naturwissenschaftlicher Ansicht lauter Einzelne, lauter Atome. Die Einheit der Weltmaschine wird nur begreiflich aus der Aneinanderpassung und Zusammengehörigkeit dieser elementaren Baustücke, wie die Construction eines jeden Mechanismus eine solche erfordert. In der Vielheit der Atome liegt eine sie beziehende und beherrschende Einheit, denn anders blieben sie fremd und zerstreut neben und außer einander. Diese ursprüngliche, in ihnen selbst waltende Einheit fassen wir als eine teleologische, weil sie in der Construction der Weltmaschine die Atome gleichsam als ihre Werkstücke schafft und verwendet und sich in diesem Bau als das τέλος (Ziel) ihrer Wechselwirkung erweist.

So wirken in einer Maschine Schraube, Rad, Kette u. s. w. blind und mechanisch, aber sie selbst sind in ihrer ganzen Beschaffenheit für die Maschine als Zweck bestimmt und sind in so fern nicht mehr bloß mechanische Factoren, sondern zugleich teleologisch in ihrer Existenz wie in ihrer Eigenthümlichkeit. Nicht anders dürfen die Atome betrachtet werden, und dann ist ihr blindes mechanisches Wirken zugleich ein teleologisches, weil ihre Existenz wie ihre Eigenthümlichkeit teleologisch, d. h. aus dem Zweck des einheitlichen Weltbaues, erklärt werden muß. Die bestimmte Causalität wird dem-

---

Lamark aussprach, ohne jedoch von den gleichen Bestrebungen dieser Zeitgenossen etwas zu wissen. Erasmus Darwin übertrug nach dem Gesetze der latenten Vererbung oder des „Atavismus" bestimmte Molecular-Bewegungen in den Ganglienzellen seines großen Gehirns erblich auf seinen Enkel Charles, ohne daß dieselben an seinem Sohne Robert zur Erscheinung kamen. Diese Thatsache ist für den merkwürdigen Atavismus, den Charles Darwin selbst so vortrefflich erörtert hat, von hohem Interesse." So besteht denn endlich die Hoffnung, auch die Wissenschaft von den Vätern erben zu können!

nach aus der Teleologie erst verständlich und beide schließen sich nicht aus, sondern ein. Häckel selbst fordert eine monistische Welterklärung, b. h. die Ableitung der mannichfachen Erscheinungen aus einem Princip. Ihm ist also gleichfalls die Einheit das logische Prius der Vielheit. Die Vielen, die Atome, müssen demnach aus oder in einer über ihre Existenz und Beschaffenheit übergreifenden Einheit begriffen werden, und dies heißt nichts anderes als die Kategorie des Zweckes statuiren; denn wenn die Einheit an den Atomen in der Darstellung des harmonischen Weltsystems sich als wirksam erweist, so erscheinen diese als Mittel für das durch die Macht der Einheit sich verwirklichende Resultat, und wieder erscheint dieses Resultat als der Zweck der mechanischen, durch die ursprüngliche Einheit bedingten und geleiteten Wechselwirkung der Atome.

Dem Naturforscher liegt die Erkenntniß der nächsten und secundären Ursachen ob; alle diese Ursachen, in der Bildung des Weltsystems und der Gestaltung der Erde, im meteorologischen Proceß und selbst im Aufbau des Organismus, stellen sich ihm als mechanische dar, b. h. aus der Natur und der darin gegebenen Nothwendigkeit der Wirksamkeit der Atome vollziehen sich diese Wirkungen blind. Aber sobald der Naturforscher versucht zu erklären, wie diese mechanischen Vorgänge zum Resultat den einheitlichen Makrokosmus oder irgendeinen Organismus haben können, ist er genöthigt, in der Beschaffenheit und Wirksamkeit der blinden Kräfte selbst eine waltende Einheit anzuerkennen. Es ist kein Zweifel, im Organismus wirken mechanische Kräfte, aber daß diese jetzt eine Pflanze dann ein Thier erbauen, dieß bedarf ebenso sehr noch einer Erklärung, wie z. B. die Richtung und das Ziel eines Schusses, der ganz mechanisch sich vollzieht.

So zeigt sich klar, daß gerade die teleologische Weltanschauung die monistische ist, indem sie mit dem Begriff der Einheit in der Natur Ernst macht, während der Versuch, die vielen Atome als die letzten Principien aufzustellen, dem Dualismus, ja, um sich so auszudrücken, dem Polytheismus verfällt.

In dieser Beziehung hat auch Hurley, gewiß ein Anhänger der

mechanischen Naturauffassung, tiefer gesehen, und gegen Häckel in folgender Weise argumentirt: „Die Teleologie, welche annimmt, daß das Auge, sowie wie wir es sehen beim Menschen oder irgend einem Wirbelthier, mit seiner präcisen Structur zu dem Zwecke gebildet worden sei, damit das Thier, welches es besitzt, in den Stand gesetzt sei, zu sehen, hat unzweifelhaft (?) ihren Todesstreich empfangen. Aber es ist nöthig daran zu erinnern, daß es noch eine umfassendere Teleologie gibt, die durch die Lehre von der Evolution nicht berührt, sondern thatsächlich auf den Fundamentalsatz der Evolution gegründet ist. Dieser Satz ist: daß die ganze belebte und nicht belebte Welt das Resultat wechselseitiger, bestimmten Gesetzen entsprechender Gegenwirkung der Kräfte der Molecüle sei, aus denen der ursprüngliche Nebel des Weltalls zusammengesetzt war. Wenn dieß wahr ist, so ist es nicht weniger gewiß, daß die existirende Welt potentiell in den Weltdünsten lag, und daß eine ausreichende Intelligenz, von der Erkenntniß der Eigenthümlichkeit der Molecüle dieses Dunstes aus, den gegenwärtigen Stand der Fauna in Großbritannien vorausgesagt haben könnte — mit eben so großer Sicherheit, als man sagen kann, was aus dem Dunst des Athems an einem kalten Wintertag wird ... Die teleologische und mechanische Auffassung der Natur schließen sich keineswegs nothwendig aus; im Gegentheil, je mehr ein Forscher rein auf dem mechanischen Standpunkte steht, um so gewisser nimmt er ein ursprüngliches Arrangement an, von dem alle Phänomene des Universums die Folgen sind". [1]

Und so endigt auch Lyell seine „Principles of Geology" mit einer teleologisch-theistischen Betrachtung: „Wir streben vergeblich", sagt er, „Gränzen den Werken der Schöpfung im Raume zu setzen, ob wir den besternten Himmel oder diese Welt kleinster Thierchen, die uns durch das Mikroskop enthüllt wird, untersuchen. Wir sind darum auf die Entdeckung vorbereitet, daß auch in der Zeit die Gränzen des Universums jenseit des Umfangs menschlicher Sehweite liegen. Aber in welcher Richtung wir immer unsere Nachforschungen

---

[1] The Academy, vol. I: p. 13 ff. 9. Oct. 1869.

anstellen, ob in Zeit oder Raum, überall entdecken wir die klarsten Beweise einer schöpferischen Intelligenz oder ihrer Vorsehung, Weisheit und Macht. Was uns Geologen angeht, so lernen wir, daß es nicht allein die gegenwärtige Beschaffenheit des Erdballs ist, welche der Anpassung von Myriaden lebender Creaturen entspricht, sondern daß auch viele frühere Zustände der Organisation und den Gewohnheiten früherer Racen von Wesen angepaßt waren. Die Vertheilung der Meere, Continente und Inseln und die Klimate haben gewechselt, ebenso wandelten die Arten; und doch wurden sie alle so gebildet, nach Typen analog denen der existirenden Pflanzen und Thiere, daß durchaus eine vollkommene Harmonie der Bestimmung und Einheit des Zweckes offenbar wird." [1])

Gegen die Dysteleologie, wie sie Häckel begründet, bemerkt dann Huxley noch im Besondern: daß es ihm scheine, als ob die Thatsachen derselben sich kreuzen. Wenn man als Evolutionist annehme, daß nutzlose Organe atrophiren, so führten solche Fälle, wie das Vorhandensein seitlicher Rudimente von Zehen am Pferdefuß, in ein Dilemma. Denn entweder seien die Rudimente dem Thiere nutzlos, in welchem Fall und bei Erwägung, daß das Pferd in seiner gegenwärtigen Form seit der Pliocän-Epoche existirt habe, sie sicherlich hätten verschwinden müssen, oder im Gegentheil sie involvirten einen Nutzen für das Thier, dann aber zeugten sie nicht gegen die Teleologie. „Ein ähnliches aber noch stärkeres Argument", fährt Huxley fort, „mag auf das Vorhandensein der Brustwarzen und ebenso auf die functionären Brustdrüsen bei männlichen Säugethieren gegründet werden. Man kennt zahlreiche Fälle von functionirenden activen Brüsten bei männlichen Thieren, obschon es keine Säugethier-Art gibt, bei welcher das Männchen gewöhnlich die Jungen säugt. So kann hier also wenig Zweifel sein, daß die Saugdrüsen bei den entferntesten männlich-säugenden Vorfahren des Menschen wie bei dem gegenwärtigen Menschen nutzlos sind, und doch sind sie nicht verschwunden. Ist es demnach vielleicht noch nützlich für

---

[1]) Ausgabe von 1868, Bd. II, 613.

den männlichen Organismus sie zurückzubehalten? Möglich aber in diesem Fall ist offenbar ihr dysteleologischer Werth verschwunden."
Endlich sei zum Abschlusse dieser Reflexion über die Teleologie noch eine Bemerkung von Trendelenburg hier angeführt: „Die Griechen nannten das Schöne, an der Nothdurft der Selbsterhaltung Gemessene, das Ueberflüssige, und bezeichneten mit dem Ueberflüssigen das Schöne ($\pi\varepsilon\rho\iota\sigma\sigma\grave{o}\nu$). Wenn man die Wahrheit dieses Ausdrucks auf das menschliche Auge oder das menschliche Ohr anwendet, und wenn man dort an die Stäbchen und Zapfen der Netzhaut denkt, die nach der physiologischen Deutung für die Harmonie der Farben, und hier an die Corti'schen Körperchen, die für den Anschlag der auf einen Ton gestimmten Nerven wirken, wenn dann durch beide Gefühle die Harmonien bedingt sind, die nur um ihrer selbst willen da zu sein scheinen, so geht es uns schwer ein, daß sich diese tiefsinnigen Anlagen nur durch den durch die Umstände begünstigten Kampf um das Leben herausgearbeitet haben. Auf jeden Fall wird zu zeigen sein, welcher Kampf um das Leben, welche Disharmonie im Widerstreit des Wesens mit seinen Bedingungen diesen Belegen idealer Harmonie das Dasein gab, dem Schönen, das der Vollendung angehört und nicht der Nothdurft des Daseins". [1])

Die Bekämpfung der Teleologie setzt Häckel auch für das Gebiet der Geschichte fort. Die Völkergeschichte bezeichnet er als einen physikalisch-chemischen Proceß, der auf der Wechselwirkung der Anpassung und Vererbung im Kampfe der Menschen ums Dasein beruhe, und die sittliche Weltordnung erscheint ihm darum nur als eine beliebte Redensart, die durch die ganze Völkergeschichte in ironischer Weise illustrirt werde. [2]) Man darf diese Definition der Geschichte wohl kaum beim Worte nehmen. Denn wer wollte im Ernste die großen und schöpferischen Thatsachen der Geschichte durch Vererbung und aus Anpassung an die gegebenen historischen Verhält-

---

[1]) Logische Untersuchungen, 3 Auflage II, 88.
[2]) Im angef. W. p. 18 und 152.

nisse erklären, wie Häckel die Entstehung neuer Organisationen von der Anpassung an die Verhältnisse der Außenwelt ableitet, da jene doch im Gegentheil die Verhältnisse durchbrachen und neue Ordnungen des menschlichen Lebens begründeten. Nicht in Anpassung an die geistige Culturlage der Zeit, sondern im Widerspruch und Kampf mit ihr haben die großen Reformatoren und Heroen der Geschichte ihre Werke geschaffen. Der Fortschritt in der Geschichte hat die negative Bedingung der Unzufriedenheit mit der gegebenen Situation und die positive der Einsicht in höhere Culturziele der Menschheit. Die erstere treibt zum Weiterstreben, die letztere weist den Weg. Oder sollten vielleicht die großen Völkerkriege, wie z. B. die Kriege der Perser mit den Griechen, aus mechanischer oder chemischer Anziehung erklärt werden können, in welchem Falle gegen alle Gesetze der Mechanik das große Volk der Perser dem kleineren der Griechen entgegengestürzt wäre, oder eine Art von Wahlverwandtschaft und geistiger Sympathie sie zur feindlichen Begegnung bei Marathon und Salamis geführt hätte? Die Idee der sittlichen Weltordnung, in der neueren Philosophie von J. G. Fichte mit größtem Nachdruck ausgesprochen und der deutschen Nation in den Zeiten der Fremdherrschaft als ein Ferment für ihre innere und sittliche Erhebung und Kräftigung vermittelt, ist ein pädagogisch viel zu ernster Gedanke, als daß er mit kurzsichtigem Spott abgewiesen werden und damit schon als widerlegt gelten dürfte.

Die Seele des Menschen ebenso wie des Thieres ist nach Häckel eine mechanische Thätigkeit, eine Summe von moleculären Bewegungserscheinungen der Gehirntheilchen, und darum das Dogma von der Freiheit des Willens naturwissenschaftlich unhaltbar.[1]) Ohne Zweifel, wenn die erste Annahme richtig ist, versteht sich die zweite von selbst. Aber wir sehen uns bei Häckel vergeblich auch nur nach dem Versuch eines Beweises um, wie aus den unbewußten Stoffelementen das Bewußtsein und aus der Summe der Gehirnmolecüle die untheilbare Einheit des nicht räumlich ausgedehnten, nicht blos in

---

[1]) Ibid. p. 161 und 212 fl. conf: Anthropogonie p. 707.

seine Vorstellungen zerfallenden, sondern über sie sich erhebenden und sich von ihnen noch unterscheidenden persönlichen Selbstbewußtseins entstanden sein könne. Wir gewahren bei Häckel auch nicht eine Spur von der kritischen Besonnenheit und abwägenden Umsicht, mit welcher Forscher wie Dubois Reymond und Virchow das Problem des Bewußtseins behandeln. Wie der erstere bezüglich desselben denke, ist noch aus seiner jüngsten Schrift „Ueber die Gränzen des Naturerkennens" in Aller Gedächtniß; weniger bekannt dürfte die hierher zielende Bemerkung Virchows sein. „Wir haben", äußerte derselbe auf der Naturforscherversammlung zu Stettin, „noch keine Methode der Forschung, wodurch wir dem eigentlichen Geschehen und der Localität des Bewußtseins nahe treten können, und weil dieß der Fall ist, und weil wir außer Stande sind, diesen Vorgang zu analysiren, so müssen wir auch zugestehen, daß wir nicht im Stande sind, eine Formel aufzustellen, in welcher wirklich auf Grund naturwissenschaftlicher Erfahrungen ausgesprochen würde, was das Bewußtsein sei, wie es zu Stande komme, oder welchen Grund es habe. Daher habe ich immer behauptet: daß es Unrecht sei, wenn man diese Thatsache des Bewußtseins, welche unser ganzes höheres Leben dominirt, nicht anerkennen wolle in seiner Besonderheit und wenn man nicht zugestehen wolle das persönliche Bedürfniß des Einzelnen, diese Thatsache des Bewußtseins in Zusammenhang zu bringen mit einer selbstständigen Seele, einer unabhängigen geistigen Kraft, und wenn es ihm nicht gestattet sein solle, auf diesem Grunde sein religiöses Leben zu formuliren, wie er es seinem Gewissen und Gefühle nach wünscht." [1]) Interessant ist auch noch, was Virchow diesen Worten hinzufügt: „Das ist, glaube ich, der Punkt, wo die Naturforschung ihren Compromiß schließt mit der herrschenden Kirche, indem sie anerkennt, daß hier ein Gebiet ist, welches dem freien Ermessen des Einzelnen, sei es nach seiner eigenen Construction, sei es nach den ihm überkommenen Begriffen zusteht, welches Andern

---

[1]) Ueber den vermeintlichen Materialismus der heutigen Naturwissenschaft (Bericht der Stettiner Versammlung S. 41 ff.)

heilig sein muß, und in welchem die Naturforschung kein Recht hat, so lange sie nicht den Weg der Experimentationen gefunden hat, auf dem sie sicher vorgehen kann, und so lange es ihr nicht möglich ist, zu sagen: hier fasse ich nun Fuß, und hier werde ich mit der genauen Methode der Naturforschung die Erscheinungen erklären. Das ist mein Glaubensbekenntniß als Naturforscher, welches, wie ich meine, Allen gerecht wird und weit davon ist, ein materialistisches zu sein. Es ist das Glaubensbekenntniß, welches, nur ausgehend von wirklichen Thatsachen, ein realistisches im strengsten Sinne des Wortes ist, welches aber nirgends versucht Uebergriffe zu machen in Gebiete, welche uns nicht zustehen."

Die Summe der Vorstellungen wird doch nur dann zu dem einheitlichen Bewußtsein, wie es thatsächlich in uns vorhanden ist, wenn es ein einziges und ungetheiltes Auge ist, welches in sich ihre Zusammenfassung vollzieht. Und dieses Auge fällt wieder nicht mit jener Summe selbst zusammen, weil die Vorstellungen vor ihm kommen und gehen, wie in einen ruhigen Spiegel vorüberziehende Gestalten wechselnde Bilder werfen; weil dieses Auge als beharrendes nicht nur die wieder auftauchende Vorstellung einfach sieht, sondern auch weiß, daß es dieselbe schon gesehen hat, also mehr sieht als ihm die gegenwärtige Vorstellung zeigen kann; weil es die Vorstellungen prüft und ordnet und sie nicht bloß in der äußerlichen Aufeinanderfolge, wie sie vor ihm vorüberziehen, bestehen läßt, sondern in einen innern logischen Zusammenhang ordnet. Die Herstellung einer logischen Folgerung oder einer wissenschaftlichen Erkenntniß ist nicht schon das spontane Werk der mechanischen Anziehung und Abstoßung zwischen den Vorstellungen selbst; denn sonst würden sich solche Processe mühelos, wie die Spiele des Witzes und die Combinationen der Phantasie, vor unserer inneren Anschauung entwickeln, und wir brauchten die Wahrheit nicht zu suchen, wie wir den Irrthum nicht vermeiden könnten, da das eine und das andere aus der Wahlverwandschaft unserer Vorstellungen wie ein chemisches Product aus seinen Elementen sich herstellte. Wenn man bei den unwillkürlichen Associationen, die in unserem Vorstellungsleben unaufhörlich auftreten und die namentlich das Gedächtniß und die Erinnerung erklärlich machen, die Gesetze eines psychischen Mechanismus wirksam erkennt, so dient derselbe, wie die Reflexion auf verschiedene Funktionen des Geistes erweist, doch nur dazu, um dem selbstbewußten und logischen Denken desselben fortwährend Material darzubieten, in das dieses nun von sich aus gestaltend und verarbeitend eingreift. Wissenschaftliches Denken, wo die Vorstellungen, die noch keine bisherige Erfahrung gegeben hat, als Schlüsse und Erkenntnisse erzielt werden, ist sehr verschieden von dem Zuge der von außen in uns angeregten Vorstellungen oder der bloßen Succession von Erinnerungen und überhaupt von dem spontanen Spiel der oft nach äußerlichen Beziehungen sich bildenden Vorstellungs-Associationen.

Wissenschaftliches Denken, wenn es auch von den Vorstellungen selbst geweckt wird, kann doch nicht aus ihnen allein erklärt werden, da jede Vorstellung ein Element für sich ist, nur einen bestimmten Inhalt und nicht zugleich einen andern vorstellt, wie sich z. B. die Vorstellung der Sonne nur auf diese, nicht aber auch zugleich auf die Planeten bezieht; nur das in den Vorstellungen thätige und ihnen einwohnende, die eine wie die andere Vorstellung in sich tragende, allgemeine Bewußtsein kann über jede einzelne hinaussehen und die Beziehungen beurtheilen, in denen sie zu andern steht. Diese in zahllosen Acten des Vorstellens, Denkens, Strebens u. s. w. sich unaufhörlich gleichsam zertheilende und dabei doch einheitliche, in lauter einzelnen Bestimmungen doch allgemeine, im nicht stillstehenden Fluß ihrer Vorstellungen, Affecte und Bestrebungen beharrliche, in einem gegebenen Inhalt nicht gefangene, sondern über ihn sich kritisch erhebende und ihn zu neuen Einsichten fortbildende Subjectivität ist das große und schwierige Problem der Wissenschaft, dem gegenüber es eine sich selbst nicht verstehende und oberflächliche Phrase ist, wenn man die Seele als eine Summe von molecularen Bewegungserscheinungen der Gehirntheilchen definirt. Moleculare Bewegungen der Gehirntheilchen könnten doch erst dann zu Erscheinungen werden, wenn ein Auge da ist, dem sie erscheinen — aber dieses Auge, um das es sich eben handelt, wird in solchen Aussprüchen, wie der von

Häckel ist, plötzlich ohne alle Vermittlung eingeführt, und dann verwandeln sich unter der Hand des Künstlers mit Worten objective Bewegungen in Bewegungs**erscheinungen**.

Schon haben Zöllner, Preyer und andere Naturforscher von psychischen Atomen zu reden angefangen, d. h. sie haben die Subjectivität, die sie aus der bewußtlosen Materie nicht ableiten können, in dieselbe als Anlage geschoben. Das wird in ihrem Sinne wohl heißen, daß unter bestimmten Verhältnissen der Verbindung mit andern Atomen, also unter geeigneten Organisationsverhältnissen, die Anlage zu den verschiedenen Stadien des Bewußtseins sich entwickelt. Es ist nichts dagegen zu erinnern, die Seele und die Persönlichkeit gewinnen dadurch eine reale unzerstörbare Basis; denn so wenig ein Stoff-Atom vernichtet werden kann, unterliegt das psychische diesem Schicksal, wenn es auch in seinem Dasein zwischen Zuständen der Bewußtlosigkeit und des Bewußtseins wechselt. Die eigenthümlichen Erscheinungen des Seelenlebens, wie wir sie in uns beobachten können, sind ohne die Annahme einer ihnen zu Grunde liegenden substantiellen Einheit nicht zu begreifen; denn wie schon von Andern ausgeführt worden ist, kein zusammenhängendes Weltbild, kein Act der Erinnerung und des Urtheils wäre in uns erklärlich, wenn das Subject, in dem sie zu Stande kommen, nicht Vorstellungen beziehen und vergleichen, also sie in sich gleichsam in **einen** Focus sammeln würde. Aber nur die Einheit sammelt. Seine eigene punctuelle Einheit strahlt der Geist in die vielgestaltige, in unfaßbaren Dimensionen des Raumes und der Zeit auseinanderliegende Wirklichkeit hinaus, wenn er sie als **eine** Welt in seinem Begriff erfaßt. Preyer sagt übrigens selbst: „Nur wer an den Boden der jetzigen Mechanik unlösbar festgekettet, von ihrem beispiellosen Erfolge betäubt ist, kann läugnen, daß sie für sich allein unfähig ist, den Willen, die Empfindung jemals befriedigend zu erklären, nur ein solcher kann sich bei den Unverständlichkeiten „Kraft und Stoff" beruhigen . . . Die moderne mechanische Naturwissenschaft stellt von vornherein zu viel Unbegriffenes als Dogma auf. Und wenn sie auch die Wißbegierde besser als alle

andern Methoden befriedigt, so ist es doch fraglich, ob sie es in Zu=
kunft auch thun wird, da die Befriedigung, die sie gewährt, einseitig
ist. Sie läßt zu viele Widersprüche ungelöst, als daß sie die maß=
lose Vergötterung verdiente, deren sie sich heut erfreut . . . Es
gelten in der That noch andere Münzen, als die wir Naturforscher
prägen, und anderes, als wir was wägen, hat auch Gewicht." [1])
  Fällt die Subjectivität nicht in den unmittelbaren Fluß der
Vorstellungen, Affecte und Strebungen hinein, sondern faßt sie den=
selben nur in sich zusammen und schwebt sie noch betrachtend, ur=
theilend und ordnend über ihm, so ist die Frage nach der Freiheit
nicht mit so kurzen Worten verneinend zu erledigen, wie Häckel es
gethan. Es ist offenbar eine neue Kraftentwicklung, wenn der
denkende Geist an logischen Gesetzen seine Vorstellungsreihen prüft
und darnach feststellt, und es geht aus dem psychischen Mechanismus
der sich wechselseitig hervorrufenden und wieder bekämpfenden
Neigungen noch nicht das moralische Urtheil über ihren Werth
hervor. Dieses Urtheil ist ein Act der Subjectivität, welche die
Neigungen an ethischen Begriffen gleichsam mißt und gewöhnlich
auch auf dem Grund ihrer Lebenserfahrungen hinsichtlich der Zuläs=
sigkeit ihrer Realisirung abschätzt. Die Subjectivität kann demnach
auf jeden Fall über ihren unmittelbaren Processen stehen und ihre
Kraft ist noch nicht in dem Mechanismus derselben absorbirt, da
sie über ihn hinaus noch wirksam zu sein vermag. Dieser Ueber=
schuß von Kraft, wenn ich mich dieses Ausdrucks bedienen darf,
wird thatsächlich gegen den psychischen Mechanismus verwendet, wenn
die unmittelbaren Vorstellungsreihen desselben corrigirt, die Heftig=
keit der Affecte und die Stärke der Neigungen von höheren Ein=
sichten aus gedämpft und gezügelt werden. Die seit Quetelet modern
gewordene Bekämpfung der Möglichkeit sittlicher Selbstbestimmung
aus Gründen der Moralstatistik ist neuestens wieder sehr hinfällig
geworden, nachdem man sich einer exacteren Methode in den
statistischen Erhebungen zu befleißigen angefangen und überhaupt er=

---

[1]) Ueber die Erforschung des Lebens, Jena 1873. S. 40 ff.

kannt hat, daß die Summe der bösen Absichten im Innern der Menschen und die der verbrecherischen Willensäußerungen in Handlungen sich nicht decken, weil die objectiven Verhältnisse der Prävention in der Außenwelt einen festen Damm von bestimmter, wenn auch nicht bestimmbarer Größe dem bösen Willen für seine Verwirklichung in Thaten entgegensetzen. [1])

M. Wagner hat vor einiger Zeit es gleichsam als eine interessante und kühne That Häckels gepriesen, daß derselbe im Vorworte zur vierten Auflage der „Natürlichen Schöpfungsgeschichte" seine volle Zustimmung zu dem „Neuen Glauben" von Strauß erklärt habe. Nachdem sich vorher Strauß zu Darwin und Häckel bekehrt, sollte man sich doch nicht mehr darüber wundern, wenn der letztere nun seinerseits sich wieder zu Strauß bekennt. Aber Häckel hat, als er den Satz von seiner „vollen Zustimmung zu dem neuen Glauben von Strauß" niederschrieb, sich dabei doch nicht hinreichend bedacht; denn diese „volle Zustimmung" würde für ihn nur einen Rückschritt bedeuten und ihm nicht gestattet haben, die vierte Auflage der Schöpfungsgeschichte mit dem unveränderten Gedankengang der früheren zu publiciren. Strauß wagt z. B. keine entschiedene Läugnung von der Herrschaft des Zwecks im Universum und er geht um die Frage vom freien Willen sehr vorsichtig herum, während uns bei Häckel in diesen Punkten die entschiedenste Negation begegnet. Doch wir dürfen nicht übersehen, daß Häckel, nachdem er seine volle Zustimmung erklärt hat, sich sogleich im unmittelbar darauffolgenden Satze verbessert, wonach dann nur noch das Meiste in dem Buche von Strauß seine Ueberzeugung ist. [2]) Zugleich legt er auch noch Zeugniß für die Zustimmung anderer ihm befreundeter Naturforscher ab — von Männern, wie er sagt, von denen jeder einzelne durch seine Verbindung von Verstandesschärfe und Gemüthstiefe, Naturverständniß und Menschenkenntniß ein ganzes Tausend Gegner von Strauß aufwiegt.

---

[1]) Vergl. meine Abhandlung „Die Statistik der Verbrechen und die Freiheit des Willens"; Studien, München 1867, S. 313 ff.
[2]) Natürliche Schöpfungsgeschichte S. XXXVIII.

Schade nur, daß diese „großen Unbekannten" in den brennend gewordenen Fragen nicht ihr entscheidendes Votum mit in die Wagschale werfen können, da zu allen jenen rühmlichen Eigenschaften, die sie zieren, leider die gütige Natur nicht auch die des Muthes der Ueberzeugung hinzugefügt zu haben scheint; denn, wie Häckel offenherzig ausplaudert, „aus verschiedenen Gründen vermeiden sie ein offenes Bekenntniß des neuen Glaubens."

Schon Hurley hat Häckel vorgeworfen, daß er den Cardinalpunkt der Lehre Darwins aus den Augen lasse, indem die Tendenz der Variation in einem bestimmten Organismus nichts mit den äußeren Bedingungen, welchen derselbe ausgesetzt sei, zu thun habe, sondern ganz auf innern Bedingungen beruhen möge. Niemand meint er, würde sich träumen lassen, daß in den directen äußeren Bedingungen des Lebens desselben der Grund für die Entwicklung eines sechsten Fingers oder einer sechsten Zehe zu suchen sei.[1]) In der That hat Häckel das Princip der Anpassung in einem Sinn ausgebildet, welcher der ursprünglichen Lehre Darwins fremd, ja zuwider ist. Er macht die äußern Lebensbedingungen zu einem activen, directen Factor, welcher die Organismen nach sich modelt und sich anpaßt, während bei Darwin die Natur der Organismen selbst und ihre Reaction auf die Einflüsse der Außenwelt als die vorzüglichste Ursache der auftretenden Veränderungen erscheint. Diese Veränderungen können daher, weil nicht schlechthin den äußeren Bedingungen angepaßt, nicht bloß nützliche, sondern auch nutzlose sein. Nach Häckel müßten unter gleichen Lebensverhältnissen, weil sie die Organismen sich anpassen, diese auch einander ähnlich sein und würde bei Fortdauer dieser Verhältnisse die Entstehung einer Neubildung innerhalb einer Art sich nicht erklären lassen. Veränderungen dieser objectiven Causalität müßten immer im großen Maßstabe Veränderungen in der Welt der Organismen nach sich ziehen. Bei Darwin aber treten die Variationen vereinzelt auf und nur die im Kampf ums Dasein günstige, einen Vorsprung im Wettbewerb um die

---

[1]) Academy am angef. Orte.

Existenz gewährende Neubildung erhält den Organismus und accummulirt sich allmählich an ihm.

Nach Häckel müßten z. B. aus kurzbeinigen und schwerfälligen Wölfen schlanke und schnelle dadurch entstehen, daß dieselben etwa auf den schnellen Hirsch als ihre Beute plötzlich angewiesen werden, während Darwin sagt: daß, wenn aus irgend einem Grund eine solche Veränderung in den Ernährungsbedingungen der Wölfe einträte, statt der plumpen nur die gewandten und schnellfüßigen sich erhalten und diese ihre Eigenthümlichkeit bei ihrer Nachzucht accummuliren würden. „Soviel ich nach langer Beschäftigung mit dem Gegenstand zu urtheilen vermag", erklärt derselbe, „scheinen die Lebensbedingungen auf zweierlei Weise zu wirken: direct auf den ganzen Organismus oder nur auf gewisse Theile, und indirect durch Affection der Reproductionsorgane. In Bezug auf die directe Einwirkung müssen wir im Auge behalten, daß in jedem Fall zwei Factoren thätig sind: nämlich die Natur des Organismus und die Natur der Bedingungen. Das erstere scheint bei weitem das Wichtigere zu sein. Denn nahezu ähnliche Variationen entstehen zuweilen, soviel sich urtheilen läßt, unter unähnlichen Bedingungen und auf der andern Seite treten unähnliche Abänderungen unter Bedingungen auf, welche nahezu gleichförmig zu sein scheinen." [1])

Nach der Anpassungstheorie wird man annehmen müssen, daß alle existirenden Arten, weil sie noch existiren, angepaßt sind und insofern oder insolange sie dieß sind, nicht fortgebildet werden können. Wenn aber trotz ihrer Anpassung die Natur bei den zuerst entstandenen, heute aber noch existirenden Arten nicht stehen blieb, sondern über sie hinaus zur Production höherer schritt, so muß ein die Fessel der Anpassung grabezu sprengendes höheres Prinzip angenommen und in ihm das Agens der Fortbildung erkannt werden. Wäre die Variabilität nur von den äußeren Lebensbedingungen beherrscht und abhängig, so erklärte sich, falls dieselben constant bleiben, keine Neubildung, und falls sie sich ändern, keine Erhaltung bisheriger und früherer Arten. Nun ist Beides, Production neuer

---
[1]) Entstehung der Arten S. 19.

Arten und Fortdauer älterer, längst bestehender, eine Thatsache, und zwar bestehen sie nebeneinander fort. Wenn aber in den gleichen Lebensbedingungen die verschiedenen Arten und, wie sich dieß gleichfalls erweist, in sehr von einander differirenden Verhältnissen dieselben Arten vorkommen, so kann die Neubildung nicht bloß Wirkung der äußeren Lebensbedingungen sein. Noch weniger aber würde die Erblichkeit, welche der Neubildung ja gradezu entgegenwirkt, dieselbe erklären. Häckels Anpassungstheorie ist darum vollständig hinfällig.

Man darf demnach wohl behaupten, daß Häckels Darstellung der Selectionstheorie nicht einmal exact sei.

Dieselbe durchaus nicht im Sinne Darwins liegende Ueberschätzung der äußern Lebensbedingungen für die Abänderung der Organismen begegnet uns auch bei Kollmann, wenn dieser den aus einer, von Seidel angestellten, Wahrscheinlichkeitsrechnung resultirenden Schluß,[1]) daß bei freier Kreuzung auftretende Variationen immer wieder paralysirt werden müßten, durch die Bemerkung abwehren zu können meint: daß, wenn die äußeren Lebensbedingungen einer Anzahl von Individuen sich langsam ändern, viele nicht blos einzelne variiren werden, weil sie denselben immer wiederkehrenden Bedingungen ausgesetzt seien.[2]) Nach Darwin erhält und steigert sich die günstige Neubildung nicht durch fortgesetzte active Einwirkung der Außenwelt, sondern dadurch, daß die so abgeänderten Individuen sich besser im Dasein behaupten können, während die andern allmählich aussterben müssen. „Ich glaube", sagt derselbe, „daß natürliche Zuchtwahl im Hervorbringen von Veränderungen meist sehr langsam wirkt, nur in langen Zwischenräumen und gewöhnlich nur bei sehr wenigen Bewohnern einer Gegend zugleich."[3]) Und wiederholt erklärt er die freie Kreuzung als ungünstig für die Wirksamkeit der natürlichen Zuchtwahl und betont die Wichtigkeit

---

[1]) Conf. meine Schrift: „Die Lehre Darwins" S. 249 ff.
[2]) Correspondenzblatt der anthropologischen Gesellschaft 1871 Nr. 3.
[3]) Entstehung der Arten S. 121.

der Isolirung; [4]) was alles nicht motivirt wäre, wenn die äußeren Lebensverhältnisse die Umgestaltung der Organismen in so entscheidender Weise betrieben, wie Häckel und Kollmann ihn behaupten lassen. Ja, wenn dies der Fall wäre, brauchte auch der künstliche Züchter nicht so ängstlich auf Paarung gleich gearteter Individuen zu merken, um dadurch die Vererbung der günstigen Abänderungen zu sichern, da er bei Herstellung derselben objectiven Lebensbedingungen mit Sicherheit die Erhaltung der gewünschten Species erwarten könnte. In der Logik nennen wir eine solche Veränderung des Streitpunktes eine ignoratio oder mutatio elenchi — es wird hier nämlich etwas anderes bewiesen, als was ursprünglich bewiesen werden sollte. Vergeblich halten sich darum Hellwald und Andere an Kollmanns Abwehr an.

Häckels Schöpfungsgeschichte besitzt ihre Eigenthümlichkeit, ihre Vorzüge wie ihre Schwächen, in dem Versuch, die mechanische Naturauffassung als ein zusammenhängendes System zu redigiren, die Gestaltungen der Materie vom kosmischen Nebel an bis zum Menschen in lückenloser Continuität vorüberzuführen. Die Lehren von Newton, Kant, La Place, Lyell, insbesondere Darwin u. a. erscheinen gleichsam nur als das Material für den einheitlichen Bau, welchen Häckel mit formgewandter Hand aufrichtet. Da es ihm vor allem um diesen Bau zu thun ist, so ist er froh um jeden Stein, den er dazu verwenden zu können glaubt, und er untersucht nicht erst, ob derselbe auch fest genug und nicht brüchig sei. Kritiklos wird darum die Nebularhypothese von Kant und La Place wie eine ausgemachte Wahrheit vorgetragen, und indem dem Leser die Bedenken, mit welchen sich von jeher Physiker und Astronomen dagegen geäußert, vorenthalten werden, wird derselbe in diesem wichtigen Problem gleich von vorn herein in einen dogmatischen Schlummer eingewiegt. Die Kant=La Place'sche Hypothese hat ihre Wurzeln in der Lehre des Newton. Als dieser die Mechanik des Weltsystems gefunden hatte, da verbarg sich ihm doch noch die Möglichkeit, die Ordnung

---

[4]) ib. p. 115 ff.

desselben mechanisch abzuleiten, und fügte er darum seinen mathematischen Principien der Naturphilosophie einen Anhang bei, in welchem er ausspricht, daß die regelmäßigen Bewegungen der Planeten um die Sonne, der Monde um die Planeten, der Kometen im Weltraum nicht aus mechanischen Ursachen allein ihren Ursprung genommen haben könnten, sondern daß dieses schöne Band, welches Sonne, Planeten und Kometen verbindet, nur durch die Weisheit und den Willen eines intelligenten und mächtigen Wesens entstehen konnte, und daß, falls nun auch Firsterne Centra ähnlicher Systeme seien, sie nicht minder unter derselben Herrschaft des Einen ständen, der als Herr des Weltalls Alles regiere.¹)

Indem Newton an der Gränze seines naturwissenschaftlichen Erkennens das Uebernatürliche postulirte, verdeckte er dieselbe nicht, sondern bezeichnete damit nur den Punkt, wo ein neues Problem begann. Dieses Problem nahm Kant in seiner „Allgemeinen Naturgeschichte und Theorie des Himmels" auf und versuchte es, den Weltbau rein mechanisch aus den Kräften der Materie selbst zu erklären. Aber auch er meinte dadurch nicht zur Läugnung eines geistigen Grundes der Welt geführt zu werden; im Gegentheil folgerte er, daß, wenn die Materie an gewisse Gesetze gebunden sei, welchen sie frei überlassen, nothwendig schöne Bildungen hervorbringen müsse, sie dazu nur durch eine über sie herrschende erste Ursache gebracht sein könne, und daß ein Gott eben deßwegen sein müsse, weil die Natur auch selbst im Chaos nicht anders als regelmäßig und ordentlich verfahren könne.²) So schob Kant die göttliche Causalität nur weiter hinaus oder vielmehr er dachte sie als ursprüngliche, principielle, nicht blos als eine solche, die in der bereits bestehenden Materie erst nachträglich noch bildet und formt, sondern als diejenige, welche die Materie selbst nach ihrem Inhalt und ihren Gesetzen schafft und daher mit ihrer Vernunft bereits von Anfang an in derselben gegenwärtig und in ihren Bildungsprocessen selbst

---

¹) Scholium generale.
²) Sämmtliche Werke, Ausgabe von Schubert und Rosenkranz, VI, 51.

wirksam ist. Aber was konnte Kant veranlassen, die Materie als geschaffene anzunehmen? Er versäumte es, evidente Beweisgründe für diese Annahme vorzubringen, und so diente seine Theorie, welche nach ihm auch La Place entwickelte, ¹) zur Stütze einer materialistischen Weltanschauung, d. h. einer solchen, die aus den Kräften und Gesetzen der bewußtlosen ewigen Materie alle Bildungen im Universum ableitet.

Die Kant=La Place'sche Hypothese hat sich bei Vielen fast das Ansehen einer naturwissenschaftlichen Erkenntniß erworben, und doch ist sie noch sehr weit von einer solchen entfernt. La Place selbst bemerkte von ihr, daß sie nur mit demjenigen Mißtrauen vorgetragen werden könne, dem Alles ausgesetzt sein muß, was nicht unmittelbares Resultat einer strengen Berechnung ist. Mehrere Thatsachen in unserem Sonnensystem und physikalische Gesetze, wie das Gesetz von der Diffusion der Gase, wonach es keine Massenanziehung unter denselben, sondern nur wechselseitige Abstoßung ihrer Theile gibt, sind mit ihr noch nicht ausgeglichen; Alexander v. Humboldt, Littrow und Andere haben sich daher mehr oder minder skeptisch zu dieser Kosmogonie verhalten. In einer vor 11 Jahren erschienenen Abhandlung hat Babinet nach dem Flächensatz die Zeit ausgerechnet, in welcher die Sonnenmasse eine Umdrehung vollenden würde, wenn sie bis zu einer gleichförmig dichten Kugel ausgedehnt wäre, die bis zur Erde oder bis zum Neptun reichte. Für den ersten Fall fand er 3161, für den zweiten über 2,800,000 Jahre. Aus diesen Zahlen, die von den Umlaufszeiten der entsprechenden Planeten so enorm weit differiren — die gegenwärtige Umlaufszeit der Erde um die Sonne beträgt 365 Tage 6 Stunden 9′, 10″,75, die des Neptun 164 Jahre 226 Tage — ist zu schließen, daß die Planeten nicht aus Ringen entstanden sein können, die, wie Kant und La Place behaupten, in Folge der Gleichheit von Centrifugalkraft und Attraction sich von der Sonne abgelöst haben sollen. Budde, dem ich diese Mittheilung entnehme, führt aber auch noch andere Gründe gegen

---

¹) Exposition du système du monde, Paris 1824. II, 430.

die Hypothese vor. „Geht man," sagt er, „zu der äußersten Consequenz fort (d. h. nimmt man die ganze Welt als ursprünglich gasförmig glühend an), so stößt man sofort auf einen Widerspruch: wenn die sämmtliche Materie in Form eines hoch erhitzten Gases den Weltraum erfüllte, war keine Abkühlung möglich — die hohe Temperatur und der Gaszustand hätten sich erhalten müssen. Die folgerichtige Durchführung der Hypothese ist also nicht thunlich, man muß sich auf einzelne Weltsysteme, zu denen die Milchstraße gehört, beschränken und damit für diese ein Privilegium schaffen. Entschließt man sich dazu, so ist es zweifelhaft, ob man für unsere Milchstraße annehmen will, sie habe ursprünglich einen Körper mit gemeinschaftlicher Rotation gebildet, oder ob man die Vorstellung adoptiren soll, es habe jedes einzelne Sonnensystem einen selbstständigen abgeschlossenen Wirbel dargestellt. Im Geiste der Hypothese ist offenbar das erstere; die Erfahrung verlangt aber das letztere, weil in der Milchstraße eine Centralisirung, die der unsrigen auch nur entfernt analog wäre, nicht wahrzunehmen ist. Somit war jede der uns sichtbaren Sonnen eine selbstständig rotirende Masse und ihre hohe Temperatur war eine ihr speziell angehörende Besonderheit, deren andere im Raum schwimmende Weltinseln entbehrten. Für das Willkürliche, das in dieser Weltanschauung liegt, gibt es keine Motivirung." [1]

Nimmt man eine Vertheilung des Stoffes nach gewissen Abständen im Weltraum an und läßt diese Massen isolirt von einander ihren kosmogonischen Proceß durchmachen, so entsteht die Frage: woher diese Vertheilung? Weder die Materie noch der Raum können den Grund dafür enthalten. Diese vertheilten Massen müssen aber entweder in Rotation oder in fortschreitender Bewegung sein, wenn sie nicht dem Gesetz der Attraction, wonach ruhende Massen sich vereinigen, folgen und in eine Masse zusammenstürzen sollen. Woher dann diese Bewegung der Massen, die sie im Weltraum von einander getrennt hält, jeder ihren eigenen

---

[1] Zur Kosmologie der Gegenwart, Bonn 1872, p. 22 ff.

Bildungsproceß ermöglicht, und schließlich zu einem Weltsystem führt, in welchem zwar alle Glieder aufeinander wirken, ohne sich doch in ihren Bahnen zu stören? Mädler sagt in einem jüngst erschienenen Aufsatz: „Soll ein kosmisches System, z. B. das unserer eigenen Sonne, sich dauernd erhalten, so dürfen die Störungen, welche dasselbe aus der unendlichen Combination der Wechselwirkung der Weltkörper jeden Augenblick erfährt, nie so lang und so stark anwachsen, daß sie auflösend und zerstörend wirken; es darf kein Planet seiner Sonne entfremdet werden, keiner seine Selbstständigkeit einbüßen. Bei einer planlosen und dem blinden Zufall überlassenen Vertheilung und Stellung der Massen würde beides über kurz oder lang stattfinden, und nach einer Dauer von so und so viel Jahrhunderten oder Jahrtausenden das Ganze nicht mehr so verbunden oder so gegliedert bleiben als es gewesen."[1]) So begegnete uns denn an der letzten Gränze, bis zu welcher die Forschung vorgedrungen ist, im Raum eine Vertheilung der Massen und eine Bewegung derselben nach Größe der Geschwindigkeit und nach Richtung, die wir aus Materie und Raum nicht erklären können, welche wir aber mit Rücksicht auf den harmonischen Weltbau, den sie ermöglicht, wohl zweckmäßig und vernünftig nennen dürften. Das große Unbekannte, welchem Newton nur früher begegnete, welches Kant nicht zu läugnen wagte, es stellte sich hier dem weiter vorgedrungenen Gedanken der modernen Wissenschaft abermals als unabweisbar dar.

Erst neulich noch hat Max Meyner wieder zugestanden, daß die Kant-La Place'sche Hypothese keineswegs eine einfache und harmonische Uebereinstimmung mit den objectiven Verhältnissen zeige, und hat den alten Gegengründen noch einige neue hinzugefügt.[2])

Unter den modernen Descendenztheoretikern ist Häckel der erste,

---

[1]) Jahrbuch der illustrirten deutschen Monatshefte, Braunschweig 1872, XXXIII, p. 33 ff.
[2]) Untersuchungen über den Bildungsgang des Sonnensystems, Weimar, 1873.

welcher die Construction des Stammbaums der Organismen unternommen hat. Ihm ist es gelungen, wie er erzählt,[1]) die ersten vollständigen Beobachtungen über die Naturgeschichte des Moners, jenes ersten Ansatzes zu organischen Bildungen, anzustellen, während Hurley den Bathybius entdeckte. Indem wir seine Forschungen nicht bezweifeln wollen, muß doch constatirt werden, daß dieselben auch noch der Controle durch andere Beobachter bedürftig erscheinen, um so mehr, als seine Entdeckungen in der letzten Zeit nicht an Ansehen gewonnen haben. So hat ihm der Zoologe Claus, selbst ein Anhänger der Descendenztheorie, jüngst nachgewiesen, daß er sowohl bei der Construction des hypothetischen Urthiers der Gasträa — welches nach Häckel im laurentinischen Zeitalter gelebt haben muß, nun aber längst ausgestorben ist und wegen seiner weichen Leibesbeschaffenheit keine fossilen Reste hinterlassen konnte[2]) — als auch für die Ableitung der von diesem Urthier ausgehenden zweifachen Entwicklungsreihe von Organismen Thatsachen, von denen er selbst eingestehe, daß aus ihnen wichtige Einwürfe sich ableiten ließen, aus Liebe zu seiner Theorie möglichst ignorirt oder über sie ohne Beachtung in raschem Sprunge hinweggesetzt habe, und daß er sich dabei in Widersprüchen von der fundamentalsten Bedeutung bewege. Claus deutet ferner an, daß er Häckels Speculationen nur für eine neue Auflage der von den Naturforschern so perhorrescirten Naturphilosophie halte, die man um so bestimmter als dem Wesen der wahren Wissenschaft fremd abweisen müsse, je stärker das Unfehlbarkeitsbewußtsein sei, mit dem sie verkündigt worden. Er bemerkt in Rücksicht auf das von Häckel für die Lösung morphologischer Schwierigkeiten hervorgezogene Erklärungsprincip der Emigration, daß es mit demselben kein Kunststück mehr sei, in der Morphologie Alles zu machen, was man wünscht oder braucht, und er hebt daher dem „Jenenser Naturphilosophen" gegenüber das Bedürfniß einer vergleichenden Entwicklungsgeschichte hervor, damit an Stelle halt-

---

[1]) Im angef. Werk S. 165.
[2]) ib. 140 ff.

loser Speculationen die Folgerung einer breiteren und sicher begründeten thatsächlichen Unterlage zu treten im Stande sei.[1]) Bekanntlich hat Häckel die Entwicklungsgeschichte der Kalkschwämme für die Begründung seiner monistisch-mechanischen Anpassungstheorie herangezogen. Die Entwicklung der hypothetischen Gasträa führte, wie er lehrt, einerseits zum Protascus, der Stammform aller Pflanzenthiere, und aus dieser gingen wieder nach einer Richtung hin die Schwämme und unter diesen die Kalkschwämme hervor. „Bei diesen nun gibt es nur schwankende Formenreihen, welche ihre Speciesform nicht einmal auf die nächsten Nachkommen rein vererben, sondern durch Anpassung an untergeordnete äußere Existenzbedingungen unaufhörlich abändern. Hier kommt es sogar häufig vor, daß aus einem und demselben Stocke verschiedene Arten hervorwachsen, welche in dem üblichen System zu mehreren ganz verschiedenen Gattungen gehören."[2]) Man erkennt auf den ersten Blick, daß Häckel mit seiner Berufung auf diese Thatsachen zugleich gegen seine eigene Theorie beweist; denn nicht nur, daß das Princip der Vererbung hier ganz außer Wirksamkeit erscheint, auch die Lehre von der Anpassung wird erschüttert, da nach derselben gleiche äußere Lebensbedingungen auch Formenähnlichkeit bedingen müßten, bei den Kalkschwämmen aber nun auf demselben Stock, also im Großen und Ganzen unter denselben äußeren Lebensbedingungen verschiedene Arten sich bilden. Wie gegen die Anpassungstheorie dürften die Entdeckungen, welche Häckel bezüglich der Metamorphose der Kalkschwämme gemacht haben will, auch gegen die Darwin'sche Selections- und Wagner'sche Migrationstheorie verwerthet werden können. Indem sie nämlich die größte Variabilität auf einem und demselben Stock nachweisen, zeigen sie, daß die verschiedensten Formen neben einander, unter denselben äußeren Bedingungen und ohne die Nothwendigkeit einer Migration vorkommen und fortkommen können. M. Wagner bemerkt in seinem Aufsatz gegen den Darwinismus,

---

[1]) Die Typenlehre und E. Häckels sog. Gasträa Theorie. Wien 1874.
[2]) Im angef. Werke S. 416, 453, 456.

daß Häckel ein vielsagendes Stillschweigen darüber beobachte, ob aus den Ergebnissen seiner Forschungen über die Kalkschwämme günstige Folgerungen für die Selectionstheorie zu ziehen seien.¹) Es wäre in der That nicht unmöglich, daß denselben eine Ahnung von dem Selbstmord, den er an sich begeht, beschlichen hätte. Doch auch diese Forschungen Häckels über die Entwicklungsgeschichte der Kalkschwämme haben von competenter Seite her eine sehr harte Beurtheilung gefunden. E. Metschnikoff bezeichnet dieselben als so mangelhaft, daß eine erneuerte Behandlung des Gegenstandes zur bringlichen Nothwendigkeit geworden sei. Er behauptet, daß Häckel die postembryonale Entwicklung der Kalkschwämme niemals beobachtet, sondern a priori erdacht habe, daß er an mehreren Stellen die von ihm „unmittelbar erschlossene Verwandlung" als eine wirklich existirende Thatsache, nicht aber als eine mehr oder weniger wahrscheinliche Vermuthung ausgebe; daß er von der Ontogonie des Olynthus, der gemeinsamen Stammform der ganzen Gruppe der Kalkschwämme, wenig wisse und überhaupt Schlüsse auf Thatsachen und Vorgänge baue, die er niemals gesehen habe; daß er überhaupt die Metamorphose der Kalkschwämme erdacht habe, ohne dabei das Richtige getroffen zu haben.²) — Aber noch mehr scheint von diesen künstlichen Constructionen dahinsinken zu müssen!

Von der Gasträa aus ging nach Häckel die andere Richtung der Entwicklung zur Prothelmis=Form, der gemeinsamen Stammform der Würmer. Hier ist es dann die Classe der Mantelthiere (Tunicata), und zwar unter ihnen wieder die Species der Ascidien, welche für die Continuität der Descendenzlinie in der letzten Zeit durch die Untersuchungen von Kowalewsky hochwichtig geworden ist, indem nach denselben diese Species in ihren Jugendzuständen die Anlage eines Rückenmarks und des darunter gelegenen Rückenstranges (Chorda dorsalis), d. h. die beiden wichtigsten und am

---

¹) Neueste Beiträge zu den Streitfragen der Entwicklungsgeschichte, Allgemeine Zeitung 1873, Beilage Nr. 320.

¹) Zeitschrift für wissenschaftliche Zoologie von Siebold und Kölliker, Jahrgang 1874 S. 1—9.

meisten charakteristischen Organe des Wirbelthierkörpers besitzen sollte. Daran knüpft Häckel den Schluß: „Unter allen uns bekannten wirbellosen Thieren besitzen die Mantelthiere zweifelsohne die nächste Blutsverwandtschaft mit den Wirbelthieren und sind als nächste Verwandte derjenigen Würmer zu betrachten, aus denen sich dieser letztere Stamm entwickelt hat." [1]) Auch Darwin bemächtigte sich sogleich dieser neuen Entdeckung. Jetzt sei, meinte er, endlich der Schlüssel zu einer Quelle gefunden, aus welcher die Wirbelthiere herstammen, und wir seien jetzt zu der Annahme berechtigt, daß in einer äußerst frühen Periode eine Gruppe von Thieren existirte, in vielen Beziehungen unsern jetzt lebenden Ascidien ähnlich, welche in zwei große Zweige auseinander gingen, von denen der eine in der Entwicklung zurückgegangen sei und die jetzige Classe der Ascidien hervorgebracht habe, während der andere sich zu der Krone und Spitze des ganzen Thierreiches erhob, dadurch, daß er die Wirbelthiere entstehen ließ. [2]) Dazu bemerkt sogleich E. K. v. Baer: „Die Hypothese ist doch biegsam! Nach dem gewöhnlichen Räsonnement ist das, was sich sehr früh in der Entwicklung zeigt, das Erbtheil von den frühesten Ahnen. Demnach müßten die Ascidien von den Wirbelthieren abstammen und nicht umgekehrt. Aber es war nöthig, die Abstammung der Wirbelthiere aus den niederen Formen zu zeigen. Einem solchen Bedürfniß zu Gefallen urtheilt man wohl auch einmal umgekehrt." Baer unterwirft die Forschungen Kowalewsky's einer Prüfung, und das Resultat derselben lautet zu Ungunsten derselben; er kann in dem Achsenstrauge der Embryonen von Ascidien die Chorda dorsalis der Wirbelthiere nicht entdecken. „Der Lehre von der Transmutation der Thierformen principiell nicht abgeneigt," äußert diese größte Autorität in der Entwicklungsgeschichte, „verlange ich doch vollständigen Beweis, bevor ich an eine Umwandlung des Wirbelthiertypus in den der Mollusken glauben kann." [3])

---

[1]) Im angef. Werke S. 466 ff.
[2]) Abstammung des Menschen. I, 179 ff.
[3]) Mémoires de l'Académie de St. Pétersbourg VII. Série, t. XIX, Nr. 8:

So ist dieser Häckel'sche Stammbaum der Organismen an wichtigen Stellen geradezu als ein Werk der Phantasie und nicht der exacten empirischen Forschung offenbar geworden. Halten wir dazu die Unklarheit der allgemeinen philosophischen Grundanschauung, die Oberflächlichkeit der psychologischen Behauptungen, die Zweifelhaftigkeit der Nebularhypothese und der Selectionstheorie, weiter die jedes empirischen Beweises bis jetzt ermangelnde Annahme der generatio aequivoca, welche Häckel für seine Zwecke machen muß, so wird uns der wissenschaftliche Werth seines Buches wohl als ein höchst problematischer erscheinen.

Doch wir sind noch nicht zu Ende.

Häckel hat, wie Brühl sagt, niemals Gelegenheit gehabt, einen Anthropoiden gründlich zu untersuchen, er folgt nur Hurley's Behauptungen, wenn er von den Affen und Halbaffen bemerkt, daß sie ebenso gut „Zweihänder" seien, wie der Mensch.[1]) Lucae wies längst an einer Reihe von Affen der alten und neuen Welt ausführlich nach, daß die Knochen ihrer Hinter- und Vorderextremitäten den Satz Hurley's nicht rechtfertigen, da alle Affen an der Hinterextremität einen vollkommen entwickelten, den andern Fingern opponirbaren Daumen und daher ein vollkommenes Greiforgan (Greiffuß) besäßen, der Mensch hingegen nur eine große Zehe und daher einen Stützfuß habe.[2]) Seinen Anschauungen treten Pagenstecher,[3]) Brühl[4]) und Bischoff[5]) bei. „Die Thatsachen der allgemeinen Erfahrung," äußert der letztere, „sowie die wissenschaftliche und namentlich die anatomische Untersuchung entscheiden darüber unzweifelhaft, daß nur die obere Extremität des Menschen eine wirkliche Hand und nur die untere ein wirklicher Fuß sei." Gründ-

„Entwickelt sich die Larve der einfachen Ascidien in der ersten Zeit nach dem Typus der Wirbelthiere?" St. Petersburg 1873.
[1]) Im angef. Werke p. 568; conf. Anthropogonie, p. 481 ff.
[2]) Hand und Fuß, Senckenberg'sche Abhandlung 1865.
[3]) Ueber Mensch und Affe (Zoologischer Garten, Nr. 4 und 5).
[4]) Wiener medicinische Wochenschrift, 1871. p 4 ff. 52 ff. 78 ff.
[5]) Beiträge zur Anatomie des Hylobates leuciscus, München 1870, p. 67.

lich hat auch Aeby die Annahme des englischen Anatomen widerlegt. Gewiß, die wissenschaftliche Aufrichtigkeit hätte es erheischt, daß Häckel von der Thatsache dieser wissenschaftlichen Opposition wenigstens Erwähnung machte. Gerland prüfte eingehend Häckels Behauptung, daß bei wilden Völkerstämmen und neugeborenen Kindern der höchst entwickelten Menschenrace es vorkomme, daß sie die erste oder große Zehe den vier übrigen am Fuß geradeso gegenüber stellen könnten, wie den Daumen in der Hand den vier übrigen Fingern derselben, so daß bei ihnen kein Unterschied mehr zwischen Fuß und Hand sich darstellte, indem sie ihren „Greiffuß" ebenso gut als eine sogenannte Hinterhand benützten, wie die Affen, und er fand auf Grund seiner eignen Beobachtungen und Versuche, daß diese von Häckel Anderen nachgeschriebene Behauptung durchaus falsch sei. Von einer affen= artigen Fähigkeit, die großen Zehen den übrigen Zehen entgegen zu stellen, kann gar nicht die Rede sein. Sie existirt eben durchaus nicht, auch bei keinem uncultivirten Volk." [1] — In einer neuen Abhandlung kommt Lucae auf Grund weiterer Untersuchungen zu dem Resultat, daß die doppelte Knickung der Schädelbasis des Menschen eine keinem Affen zukommende Eigenthümlichkeit sei, und daß dieselbe mit dem ganzen Bau des Skeletts des Menschen, sowie mit dem diesem allein eigenthümlichen aufrechten Gang überein= stimme. Nur der Mensch habe einen aufrechten Gang, der Vier= händer aber sei ein Baumthier und bewege sich auf dem Erdboden meist nur sehr unvollkommen auf den Vieren. [2]

Der Schädel von Engis gab bekanntlich zu verschiedenen Hypo= thesen Anlaß; man vermuthete in ihm eine Negerbildung, einen australischen Wilden oder auch einen Genossen des Neanderthalers. Nachdem schon Hurley völlig unschlüssig war, ob er in ihm den Schädel eines gedankenlosen Wilden oder eines Philosophen anzunehmen habe, behauptet neuestens wieder Lucae, daß das Profil desselben ganz und gar dem des berühmten Griechenschädels von Blumenbach

---

[1] Anthropologische Beiträge, Halle 1875, I, p. 185 ff.
[2] Archiv für Anthropologie. VI, S. 17.

entspreche, so daß jener Urbewohner Europa's den heutigen gleich gebildet gewesen wäre. Dagegen sollte nun der Neanderthalschädel, nach Huxley und Andern, die Verbindungsbrücke zwischen affischem und menschlichem darstellen. Aber auch bezüglich desselben hat Virchow jüngst nachgewiesen, daß dieses monstrum informe wirklich eine pathologische Bildung sei und für Racenbestimmung wohl nicht gebraucht werden könne.¹) „Gerade die ältesten Schädel," sagt derselbe an einem andern Orte, „die von Engis, von Olmo, wie die von Cro-Magnon, tragen keineswegs die Merkmale niederer Racen an sich. Nicht einmal der Character der Wildheit ist allen diesen Schädeln in bestimmter Weise aufgedrückt. Nur der Neanderthal-Schädel macht diesen Eindruck und er hat sich als eine pathologische Bildung erwiesen." ²)

Bezüglich der Schädelreste, die mit Höhlenbär und Rennthier in Deutschland ausgegraben wurden, berichtet Fraas, daß sie so wenig eine Abweichung von den Schädeln in den sogenannten Hügelgräbern zeigen, als die Knochen der Extremitäten. In ihrer Gestalt liege lediglich kein Grund, in demselben einen andern Volksstamm zu vermuthen als den arischen, der vor seiner Vermischung mit brachycephalen Elementen als ein vorzugsweise dolichocephaler zu bezeichnen sein wird. Der Index dieser Schädel liege in der Regel zwischen 70 und 74, und weise also auf eine entschieden dolichocephale Menschenrace hin. Auf ein ähnliches Resultat, fügt er hinzu, kommen auch die vorurtheilsfreien Prüfungen der Schädel aus den belgischen und französischen Höhlen. Man wollte dieselben zwar für fremdartig mongoloide Formen ausgeben, aber die ungetheilte Ansicht des prähistorischen Congresses im Jahre 1872 habe sich gegen diese Annahme ausgesprochen. Und so kommt Fraas zu dem Schlusse: daß das Leben und Treiben dieser Höhlenmenschen nicht in unbegreiflich weite Ferne zu rücken sei, sondern daß wir in ihnen die ersten Einwanderer von Osten her, dem arischen Stamm angehörig,

---
¹) Sitzung der anthropologischen Gesellschaft in Berlin, 27. April 1872.
²) Die Urbevölkerung Europa's, p. 46.

erkennen. Weit entfernt daher, auf diese Vorfahren vom Standpunkt der heutigen europäischen Kulturstufe mit mitleidiger Geringschätzung herabzublicken oder sie gar zu Repräsentanten einer niedrigen Menschenrace zu stempeln, sieht er in ihnen viel lieber Gestalten, welche die spätere Dichtung und Sage verherrlichte.[1]) Die neueste Forschung sieht sich genöthigt, aus den Höhlenfunden auf ein höheres Geistesleben des europäischen Urmenschen zu schließen. Dupont glaubte unter den Ueberresten aus der Höhle von Chaleur einen Fetisch entdecken zu können, so daß ihre Bewohner sich mit religiösen Vorstellungen getragen haben müßten. Vorsichtiger verfährt in dieser Beziehung Zittel, wenn er sagt: „Mit Religion scheint sich der europäische Urmensch wenig befaßt zu haben. Es sind bis jetzt weder dem Kultus geweihte Stätten noch Opfergeräthe gefunden worden. Nur aus der Art der Todtenbestattung will man schließen, daß bereits damals der Glaube an eine Fortexistenz nach dem Tode verbreitet war. — Bewährte sich übrigens die Ansicht von Fraas, daß wir in den alten Höhlenbewohnern Europa's Einwanderer von Osten her zu erkennen haben, so würde man ohnedieß genöthigt sein, bei ihnen höhere Vorstellungen vorauszusetzen. Der Affenmensch, dessen Existenz man auf Grund einiger Schädelfunde behaupten zu dürfen glaubte, ist demnach vorerst noch kein Resultat der empirischen Forschung, sondern ein Gebilde der Phantasie. „Die Hoffnung, aus den vorgeschichtlichen Resten des Menschen, wie man sie in Europa findet, Schlüsse auf die Schöpfungsgeschichte oder Entstehungsgeschichte des Menschen ziehen zu können, hat sich," wie Ratzel sagt, „auf allen Punkten getäuscht gesehen. Unserem Wissen von den körperlichen Eigenschaften der Menschen, ihren Racenverschiedenheiten und dergleichen haben alle nach und nach zu einer ziemlich bedeutenden Anzahl angewachsenen Schädel- und sonstigen Skeletfunde aus vorgeschichtlicher Zeit bis heute noch nicht eine einzige nennenswerthe Bereicherung zuführen können; unsere vorgeschichtlichen Vorfahren sind im Wesentlichen nach ihrer körperlichen Bildung

---

[1]) Die alten Höhlenbewohner, Berlin 1872, p. 29 ff.

und demnach ihrer Racenangehörigkeit keine andern Menschen gewesen als die heutigen Bewohner dieses Erdtheils." [1]) Neuestens kommt man auch wieder mehr davon zurück, von der Form des Schädels aus das geistige Leben zu construiren. Auch Peschel hält dieß für unzulässig und stellt über das Verhältniß von Schädelbildung und Gehirnentwicklung zur Intelligenz Folgendes fest:

Künstliche Verunstaltung des Schädeldaches durch Zusammenschnüren des Kinderkopfes, wie es bei Völkern des Alterthums geschah, wie es noch jetzt vorkommt bei unzähligen Bewohnern Amerika's, wie es selbst in Nordfrankreich der Brauch unvorsichtiger Mütter ist, mögen zwar nicht völlig unschädlich sein, haben aber doch die gesunden Verrichtungen der künstlich umgeformten Denkwerkzeuge nicht wahrnehmbar gemindert. Auch aus Masse und Gewicht des Gehirns, welches beim Menschen zwischen 2 bis 4 Pfund schwankt, kann nicht auf die Kraft der Intelligenz gefolgert werden, sowenig als nach dem Gewichte zu entscheiden ist, ob eine Thurmuhr oder ein Taschenchronometer schärfere Zeiteintheilungen gewährt. Ebensowenig scheint der Windungsreichthum der grauen Hirnsubstanz ausreichend um die Stellung des Menschen in der Schöpfung zu erklären; eher noch könnte aus der Tiefe und Vielgestaltung der Furchen auf die Höhe der Intelligenzthätigkeit geschlossen werden; denn, wie Rud. Wagner erinnerte, das Gehirn des Hundes verrathe im Vergleich zu dem verwickelten Windungssystem des geistesarmen Schafes eine außerordentliche Armuth und die Gehirne der großen Mathematiker Gauß und Dirichlet gehörten wohl in Bezug auf Tiefe und Vielgestaltung der Furchen, vorzüglich in den Stirngegenden, zu den am höchsten ausgestatteten, eigenthümliche Krümmungen aber fehlten auch ihnen. Bischoff behauptet, daß zwar das menschliche Gehirn keine Hauptfurche und keine Hauptwindung besitze, die nicht beim Orang vertreten wäre, daß aber jenes keineswegs bloß einen Fortschritt, das Gehirn des Orang eine Verzögerung des Wachsthums darstelle, sondern, daß beide einen andern

---

[1]) Vorgeschichte des europäischen Menschen, München 1874, p. 297 ff.

Entwicklungsgang einschlagen, nach andern Richtungen sich entfalten und zu keiner Zeit übereinstimmen.[1]) — Immer jedoch muß man bedenken, daß alle diese Versuche über die Dignität eines Gehirns zu bestimmen, sich nur an die äußerlichsten und augenfälligsten Merkmale halten und daß die feineren und letzten Verhältnisse seiner Structur der Forschung noch nicht aufgeschlossen sind und vielleicht niemals aufgeschlossen werden. Hyrtl äußerte in dieser Beziehung, daß der Fleiß und das Genie der Anatomen unsere Kenntniß des Gehirns noch nicht zu jener Entschiedenheit und Reife erhoben hätten, welche unerläßlich sei, um vom materiellen Substrat auf seine Verrichtungen zu schließen. Dem Labyrinth der Hirnzellen, dem Zug ihrer Fasern mit dem Messer folgen zu wollen, hieße ebensoviel als den Bau der Monade darzulegen mit Schmiedehammer und Brecheisen und den Faden der Spinne zu spalten mit der Säge des Zimmermanns. — Aus allen bisherigen Untersuchungen über das Gewicht des menschlichen Gehirns läßt sich nur als dauernder Gewinn anführen, daß im Mittel das weibliche leichter erfunden wird als das männliche. Aber da gewiß vor allem die innern Organisationsverhältnisse über den Vorzug eines Gehirns für die Functionen der Intelligenz entscheiden müßten, so ist aus jener Thatsache kaum zu folgern, daß dem männlichen Geschlecht durchschnittlich eine geistige Superiorität gegenüber dem weibliche zukomme; wie denn auch die Behauptung eines solchen Vorranges bei einem unbefangenen Blick auf die Massen der Menschen von durchschnittlichem Schlag durchaus keine Bestätigung findet. Ja, in den untern Classen der Gesellschaft und insbesondere beim Bauernstand, erweist sich das Weib für gewöhnlich sogar als intelligenter, so daß die Auszeichnung des männlichen Geschlechts auf den idealen Gebieten, wie z. B. auf dem der Wissenschaft viel mehr als ein Product der Bildung, denn als eine Folge seiner Natur erscheinen könnte. „Was man jetzt die Natur der Frauen nennt," meint Stuart Mill, „ist etwas durch und durch künstlich erzeugtes — das Resultat er-

---

[1]) Völkerkunde, Leipzig 1874, p. 63 ff.

zwungener Niederhaltung nach der einen, unnatürlicher Anreizung nach der andern Richtung." [1]

Nicht bloß viel Unbegründetes, sondern auch manches Abenteuerliche haben unsere Gelehrten in der Abstammungs- und Entwicklungsfrage des Menschen laut werden lassen. Bekanntlich hat Carl Vogt die wahrhaft tolle Ansicht aufgestellt, daß in den Mikrokephalen ein Rückschlag in eine dem Menschen und Affen einst gemeinsame Stammform sich kundgebe. Da aber nichts absurd genug sein kann, um nicht Gläubige zu finden, wenn es nur neu ist, so konnte eine geraume Zeit die Meinung in den Köpfen spucken, daß krankhafte und hinfällige, noch dazu nicht einmal fortpflanzungsfähige Mißbildungen, und zwar trotz des aufreibenden Kampfes ums Dasein, die Ahnen des Menschen waren. Nachdem Virchow schon früher diesen Vogt'schen Einfall kritisch gewürdigt hatte, wurde auf der allgemeinen Versammlung der deutschen Anthropologen in Stuttgart im Jahre 1872 die Sache noch einmal erörtert und von Luschka, Virchow und Ecker dargelegt, daß man im Mikrokephalen-Hirn durchaus keine atavistische Bildung und auch keinen Rückfall in den Affentypus an sich habe. Bei dieser Gelegenheit sprach Virchow von einem typischen Gesetz, welches der Entwicklung des Wesens zu Grunde liegt. Häckel, indem er den Stammbaum des Menschen construirt, muß natürlich auch dessen nächste Ahnen anzugeben wissen. So erfahren wir denn, daß nur ein einzelner, uns jetzt noch unbekannter und jedenfalls längst ausgestorbener Ast der formenreichen Katarrhinen-Gruppe es war, der unter günstigen Verhältnissen durch die natürliche Züchtung zum Stammvater des Menschengeschlechtes ausgebildet wurde. Jedenfalls sei dieser Umbildungsvorgang von sehr langer Dauer gewesen und die versteinerten Affen haben uns bis jetzt weder Ort noch Zeit derselben verrathen. Aller Wahrscheinlichkeit nach habe er in Südasien stattgefunden oder in Lemurien, einem südlich davon gelegenen, östlich sich bis nach Hinterindien und den Sunda-Inseln, westlich bis nach

---

[1]) Die Hörigkeit der Frau, übersetzt von Jenny Hirsch, Berlin 1869, S. 37; vergleiche dazu: John Stuart Mills Selbstbiographie, übersetzt von G. Kolb, Stuttgart 1874 S. 200 ff.

Madagascar und dem südöstlichen Afrika sich erstreckenden Continent, welcher später unter dem Spiegel des indischen Oceans versunken sei. Zwischen die Anthropoiden und die ächten Menschen müsse jedoch noch eine den letzteren unmittelbar vorhergehende Ahnenstufe eingeschoben werden, die sprachlosen Urmenschen (Alali), deren sichere Existenz, obschon man ihre Spuren bisher noch nicht gefunden habe, sich aus der vergleichenden Sprachkunde oder aus der Entwicklungsgeschichte der Sprache ergebe. *)

Die Entwicklungsgeschichte der Sprache und die vergleichende Sprachkunde haben ihr Material an den literarisch noch aufbewahrten oder heute noch lebenden Sprachen; für sie ist die Sprache immer schon da, ihre Untersuchungen stehen daher auf dem Boden der geschichtlichen Erinnerungen, die nicht weiter reichen können als sprachliche oder schriftliche Denkmale auf uns gekommen sind. Alles, was darüber hinausliegt, ist kein Gegenstand der exacten Beobachtung, sondern des Schlußes und der Hypothese. Von sprachlosen Menschen können darum die historischen Wissenschaften nichts wissen; die Annahme derselben könnte nur aus den allgemeinen philosophischen Gründen einer Entwicklungs=Lehre gemacht werden. Jene beiden Wissenschaften wissen nur davon, daß die menschliche Sprache sich aus elementaren dürftigen Anfängen herausgebildet habe und daß die auch zu unserer Kenntniß gelangenden Sprachen verschiedene Stufen der Entwicklung darstellen. Die Sprache beginnt mit dem Menschen potentiell; er mag erst allmählich von dieser Fähigkeit Gebrauch gemacht haben, doch würde nichts der Annahme im Wege stehen, daß schon die ersten Menschen von ihr Anwendung machten, wie sie dieß auch von andern ihrer physischen und psychischen Kräfte thaten. Nur werden selbstverständlich die ersten Sprechversuche in ihrer äußern Erscheinung auch ganz kümmerliche gewesen sein, obwohl sie immerhin schon Sprache, d. h. mit Absicht stattfindende Aeußerung von Vorstellungen durch den Laut waren.

Moriz Wagner erklärt sich gegen Darwins Annahme, daß der

---

*) Natürliche Schöpfungsgeschichte p. 574 ff., 597 ff., 619 ff.

Menſch in Afrika entſtanden ſei. „Das afrikaniſche Klima", ſagt dieſer Gelehrte, „verlor nie ſeinen warmen Character, der afrikaniſche Boden nie ſeine immergrünen Fruchtbäume. Kälte, Noth und Hunger ſtellten ſich im Vaterland des Chimpanſe und Gorilla niemals ein, um affenähnliche Weſen zu zwingen, von ihren Bäumen herabzu=ſteigen, ihre Bewegungen zu ändern, eine andere Haltung und Gang=weiſe anzunehmen und die Ränder der Steine zu ſchärfen, um Geſchöpfe damit zu erſchlagen. Auch iſt in Afrika bis jetzt nichts von foſſilen Anthropoiden aus der Tertiärzeit noch von ähnlichen rohen Stein=werkzeugen aus dem geſchichtlichen Diluvium oder den Höhlen be=kannt geworden, wie wir ſie in Mitteleuropa finden . . . Thiere, deren Väter in glücklicheren Zeiten auf immergrünen Bäumen lebten und reiche Nahrung hatten, können, in ein Winterklima verſetzt, auch wohl das Gehen auf dem Boden lernen und an Fleiſch, an ver=miſchte Nahrung ſich gewöhnen. Der Hunger konnte nicht nur — nein er mußte den Abkömmling des miocänen, Früchte eſſenden Quadrumanen nothwendig in ein zweibeiniges Raubthier verwandeln, wenn er dem Hunger nicht erliegen wollte." — Da, wie es im Sprüchwort heißt, Noth auch beten lehrt, was hindert Herrn Wagner, bei dieſer Gelegenheit nicht ſogleich die Religion mit entſpringen zu laſſen?

Die Factoren der Umbildung des Affen zum Menſchen waren nach Wagners merkwürdiger Deduction einerſeits die allmälig be=ginnende große Eisperiode und andererſeits die Unmöglichkeit eines Rückzuges der Anthropoiden nach Süden, indem die Pontiſchen Ge=Gewäſſer in das Mittelmeer durchbrachen und in weiterer Folge dieſes Vorganges die Waſſerſtraße von Gibraltar, welche früher eine Landenge war, geöffnet wurde. „Hätte es nie eine Eisperiode ge=gegeben und hätten in Centralaſien die hohen Parallelketten, über deren Päſſe und Hochthäler ſich gleichfalls eine Eisdecke lagerte, in Europa aber das Mittelmeer und die Waſſerſtraße gefehlt, ſo würde der Menſch wahrſcheinlich nie entſtanden ſein." *)

---

*) Ausland, Jahrgang 1871, Nr. 24, p. 562 ff.

Bedürfen diese Phantasien überhaupt noch einer ernsten Widerlegung, so sei sie hier mit Gerland's Worten gegeben. „Auch eine hereinbrechende Eiszeit", sagt derselbe, „konnte die Affen unmöglich zur Höherentwicklung anregen, schon deshalb nicht, weil sie, so sehr empfindlich gegen die Kälte, überall vor derselben zurückgewichen sind. Und doch liegt in ihrem organischen Bau kein ersichtlicher Grund, daß sie nicht ebenso gut, wie etwa die Nage- und Raubthiere, sich an kältere Umgebung gewöhnen konnten; vielmehr beruht dieß Bedürfniß nach Wärme bei ihnen nur auf sehr langer Vererbung und zweitens auf nicht minder langer Anpassung an das reiche tropische Baumleben. Wie nun wäre es bei diesen Eigenthümlichkeiten möglich gewesen, daß die Affen ihr Haarkleid, aus ästhetischen Gründen, bei zunehmender Kälte abgelegt hätten, wo selbst Dickhäuter, wie Elephant und Nashorn, sich mit langen Haaren bedeckten?"[1]

Da aus fossilen Funden der gesuchte Affenmensch noch nicht erwiesen ist, so glaubt Häckel ihn noch in unserer unmittelbaren Gegenwart zum Theil wenigstens constatiren zu können und erzählt demnach, daß einzelne der wildesten Stämme im südlichen Asien und östlichen Afrika affenähnlich in Herden beisammen leben, größtentheils auf Bäumen kletternd und Früchte verzehrend, ohne Kenntniß des Feuers und als Waffen nur Steine und Knüppel gebrauchend, wie es auch die höheren Affen thun.[2] Der als Entomologe rühmlichst bekannte Mohnike bedauert, daß Häckel es unterlassen habe, den Namen und den Wohnort dieser Affenmenschen näher anzugeben. Ihm selbst sei es nicht gelungen, sagt er, auch nur Spuren von ihnen unter den Eingeborenen von Australien, den Papuas von Neu-Guinea, den Negritos der Philippinnen, den schwarzen, wollhaarigen Wilden im Innern der malayischen Halbinsel, der mit dieser sehr übereinstimmenden Bevölkerung der Andaman-Inseln und den am niedrigsten stehenden Völkerschaften malayischer Abstammung im indischen Archipel

---

[*] In der angeführten Schrift I, 171.
[1] Im angeführten Werke S. 653.

aufzufinden. Ebenso wenig ließe sich die Existenz von Völkerstämmen ohne Kenntniß des Feuers und anderer Waffen als der Steine und Knüppel in irgend einer Gegend des indischen Continents, der sogenannten indo-chinesischen Länder oder China's nachweisen, wiewohl in allen diesen Ländern zahlreiche größere und kleinere, isolirte, auf der niedrigsten Stufe menschlicher Kultur stehende Völkerschaften zu treffen wären. Dasselbe sei in dem tropischen Afrika der Fall. Von keinem einzigen glaubwürdigen Reisenden oder Missionär werde berichtet, daß die merkwürdigen Volksstämme, auf die Häckel sich beziehe, daselbst vorkämen. Ebenso wenig wie diese Menschen ließen sich aber auch jene anthropoiden Affen Asiens und Afrika's nachweisen, die sich nach Häckel der Steine und Knüppel als Waffen bedienen sollten. Der Orang-Outang mache, nach den Versicherungen von S. Müller, Brooke, Wallace u. a., nur von seinen Zähnen und Armen Gebrauch, und auch der Gorilla und der Tschimpanse hätten nach Savage, Ford und andern zuverlässigen Berichterstattern keine anderen Waffen. Daß der Gorilla Elephanten mit Knüppeln todtprügeln soll, sei ein Märchen, um Kinder damit zu unterhalten.[1]) Und Peschel, der Häckels Buch eine Schöpfungsgeschichte im Modegeschmack unserer Tage nennt, theilt mit, daß derselbe seine Behauptungen nachweisbar aus der Schrift eines Bonner Gelehrten geschöpft habe, dessen Berichte über den Zustand der wilden Völker auf die Aussagen eines afrikanischen Sklaven von den Doko, einem angeblich zwergartigen Volk im Süden der Schoa, beruhten oder daß sie sich auf die Mittheilungen bengalischer Pflanzer oder Erlebnisse eines Jagdabenteurers, daß in Indien einmal Mutter und Tochter, ein andersmal Mann und Frau in halbthierischem Zustande angetroffen worden seien, bezögen. „Völkerschaften dagegen oder nur Horden in affenähnlichen Zuständen," constatirt Peschel, „ist nirgends ein glaubwürdiger Reisender begegnet. Es sind vielmehr selbst diejenigen Menschenstämme, welche nach den ersten oberflächlichen Schilderungen tief unter unsere eigene Gesittungsstufe gestellt worden waren, bei

---

[1]) Kölnische Zeitung, 1872, 31. Dec.

genauerer Bekanntschaft den gebildeten Völkern merklich wieder näher gerückt worden. Noch soll irgend ein Bruchtheil des Menschengeschlechts entdeckt werden, bei welchem nicht ein mehr oder weniger reicher Wortschatz mit Sprachgesetzen, bei welchem nicht künstlich geschärfte Waffen und mannichfaltige Geräthe, sowie endlich die Kenntniß der Feuerbereitung angetroffen worden wäre." [1])

Peschel rügt bei dieser Gelegenheit die Oberflächlichkeit, womit Lubbock über die Zustände wilder Völker berichtet. Ich selbst hatte Veranlassung, die Angaben desselben über die Religionslosigkeit mancher Stämme zu prüfen und überzeugte mich dabei von der Leichtfertigkeit und Ungenauigkeit, womit er zu verfahren pflegt. [2])

Wenn aber auch keine Erfahrung uns bis jetzt den Menschen auf thierähnlicher Stufe nachgewiesen hat, immerhin mußte die Wissenschaft die mosaische Sage wie die phantastischen mythologischen Träumereien anderer Völker von dem menschlichen Urzustande zurückweisen. Alles, was wir heute von demselben zu wissen glauben, deutet darauf hin, daß unser Geschlecht aus niedrigen Anfängen seine Entwicklung begonnen und erst allmählich, in langer mühsamer Arbeit und unter schweren Mühen und Kämpfen, sich emporgerungen habe. Die Menschheit, wie der Einzelne in ihr, ist kein von Haus aus fertiges Product und ihr Lebensgang ist nicht wie das sichere und friedliche Wachsthum einer Pflanze, sondern die Geschichte ist ein Kampf des Geistes mit der Natur, gegen die ihn umgebende sowohl, wie gegen die im eigenen Organismus ihn unmittelbar umfangende. In diesem Kampfe unterwirft er sich mehr und mehr die Natur und entwickelt seine Kräfte, seine Intelligenz und seinen sittlichen Willen, und wird auf solche Weise auch sein eigenes Werk. Das Idyll von dem glücklichen Eden, in dem die Wiege der Menschheit gestanden haben soll, so wie die Dichtungen von einem goldenen

---

[1]) Völkerkunde, S. 139.
[2]) conf. meinen Aufsatz: Ethnographische Berichtigungen, Beilage zur Allg. Ztg. Nr. 126, Jahrgang 1873.

Zeitalter, das in weit entlegener Vergangenheit hinter uns versinkt, enthalten nur in so fern einen Rest thatsächlicher Wahrheit, als wir nicht annehmen können, daß die erste Kindheit des wehr- und waffenlosen Menschen von den Drangsalen und Schrecken seines späteren Lebens umstürmt gewesen sei, sondern im Gegentheil eine gütige Natur und ein durch die Bande der Verwandtschaft begründetes friedliches Zusammenleben der ersten Familie als unumgängliche Bedingung für die Erhaltung und Fortbildung des jungen Geschlechts festhalten zu müssen glauben. Doch keine wirklichen Kenntnisse, nur unsichere Vermuthungen tragen uns in den Lebensmorgen der Menschheit zurück, deren Heimath ja nicht einmal mehr von uns betreten werden kann, da sie, nach gegenwärtigen Annahmen, auf einem Festlande (Lemurien) gesucht werden müßte, welches nun unter dem Indischen Ocean liegt. Ein idealer Urzustand unseres Geschlechtes aber findet keine Bestätigung in der natürlichen Betrachtung der Dinge, weder die Erfahrungswissenschaft noch die Philosophie besitzt Gründe dafür. So wenig uns der Keim schon Blüthe ist, so wenig ist der Anfang der Menschheit schon ein Zustand der höheren Gesittung. Der heutigen Ansicht liegt das Ideal nicht in der Vergangenheit, sondern in der Zukunft; dieser Gedanke und diese Hoffnung befeuert unser Streben, gibt die Kraft zur Arbeit im Dienste der Kultur und macht zugleich diese Arbeit sittlich. In diesem Gedanken und in dieser Hoffnung schwindet die pessimistische Auffassung des menschlichen Schicksals, die mehr als je unter uns wuchert und nicht als wissenschaftliche Erkenntniß, sondern nur als das Bekenntniß einer genußsüchtigen und verweichlichten Generation erscheint. Zurückschauend in den Lauf der Geschichte ist dieser Pessimismus zu blöde, um den Fortschritt zu sehen, und auf die Aufgaben für Gegenwart und Zukunft blickend ist er zu selbstsüchtig und zu willensschwach, um an ihrer Lösung sich zu betheiligen. In schwächlichen Klagen sich ergießend über den Jammer eines Lebens, welches er durch Streben nach wesenhaften Gütern nicht sittlich und nicht befriedigend zu gestalten vermag, begreift er den Vorzug des heroischen Schicksals vor einem Phäakendasein nicht und erkennt nicht die Nothwendigkeit des Kampfes mit der Natur für die Entwicklung des Geistes, sowie das Glück, das diesem aus dem Gefühl der Bethätigung seiner Kräfte und seines innern Wachsthums sprießt. Selbstsüchtig sich ablösend von der großen Arbeit der Geschichte ist er zum Act jener sittlichen Resignation nicht fähig, die mit dem eigenen Loose sich durch die Hoffnung auf die wachsende Kultur und Wohlfahrt der Menschheit versöhnt und ein auch in engsten Verhältnissen verfließendes Leben für dieses Ziel nutzbar zu machen bestrebt ist.

Die moderne Geschichtsforschung scheint sich allerdings mit herrschenden Vorstellungen der Theologie nicht zu vertragen; denn darnach wären der rohe Zustand des Menschen und die Schwächen und Leiden seines Lebens erst eine nachträgliche Folge ursprünglicher Verschuldung. Immerhin jedoch wird die Philosophie die tiefe ethische Wahrheit, die in den Vorstellungen von einer Erbschuld des Geschlechts liegt, anzuerkennen vermögen, wenn sie auch die mythische Hülle, unter welcher sie die Theologie vorträgt, fallen läßt. Vorstellungen, wie die in Rede stehende, verdanken ihren Ursprung nicht bloß einer künstlichen Reflexion, sondern es sind weltgeschichtliche Gedanken, Antworten, welche sich die Menschheit auf die großen Probleme ihres Lebens gegeben hat. Nicht bloß die christliche Theologie enthält solche Anschauungen, sie existiren längst vor ihr in den Lehren der heidnischen Religionen und alten Philosophen von der Präexistenz und Wanderung der Seele und dem irdischen Leben als Strafe. Hier wie dort wird das menschliche Dasein unter einen ethischen Gesichtspunkt gestellt, und dieses irdische Leben mit der Aufgabe einer geistigen Erhebung aus einem anfänglichen Naturzustande, der dem Wesen und der Würde des Menschen noch nicht entsprechend ist, begriffen. Versenkt in die Natur und von selbstsüchtigen Trieben gefesselt findet sich zuerst der Geist; indem ihm das Bewußtsein höherer Aufgaben und sittlicher Pflichten erwacht, erkennt er sich in einem Zustande, den er überwinden muß, wenn er zu sich selbst kommen, d. h. vernünftiger und freier Geist werden soll. Als ein angebornes Verderben erscheint ihm dieser Zu-

stand, und indem er noch nicht die Nothwendigkeit eines solchen Zu=
standes für die nur durch eigene Arbeit zu vollbringende Selbstent=
wicklung einsieht, entstehen ihm jene Philosopheme eines selbstver=
schuldeten Abfalls von einer reineren und höheren Weise der Existenz.
Und diese Anschauungen enthalten zugleich eine Theodicee, ja noch
mehr, sie enthalten die Rettung des Gottesglaubens selbst. Denn
Angesichts der Uebel der Welt und namentlich der Gräuel der Ge=
schichte entflieht dem gedrückten Herzen nur zu leicht der Glaube
an einen gütigen Schöpfer und an eine waltende Vorsehung. Indem
der Mensch für dieses Verderben sich selbst verantwortlich macht,
bleibt ihm der Glaube an jene und die Hoffnung auf sie erhalten.
Aus religiösem Bedürfniß und aus ethischer Erkenntniß sind dem=
nach jene Vorstellungen als eine naturwüchsige Philosophie geboren,
und nur ein flacher ideenloser Rationalismus kann dieß sowie den
tiefen Sinn derselben verkennen. Ja, der mosaische Mythus ist
selbst in seinen einzelnen Zügen sinnig. Indem der Mensch vom
Baume der Erkenntniß ißt, das heißt, indem ihm die Einsicht in
seine höhere Natur und ihre Forderungen aufgeht, findet er, daß
er nackt sei, und schämt sich, d. h. er findet sich in einem ihm un=
angemessenen Naturzustande. Solche Einsicht wird zum Trieb der
Erhebung in der ernsten und mühevollen Arbeit der Geschichte, in
welcher der Mensch mit bloß thierischen Zuständen bricht und sich
zu einem sittlich=vernünftigen Dasein emporringt. Je mehr dieses
gewonnen wird, desto mehr deutet er den Fluch, mit dem er aus dem
Paradies vertrieben wurde, als einen Segen und erfaßt den Sinn
seiner Nöthen und Leiden, seiner Mühen und Kämpfe als noth=
wendige Hebel für seine Entwicklung; desto mehr wird ihm unter
diesen, weil sie ihn emporführen, der Glaube an eine sittliche Welt=
ordnung wieder gerettet, und desto weniger wird er sich diesen
Glauben durch eine enge und kurzsichtige Betrachtung, die über den
Einzelheiten den großen Zug des Ganzen übersieht, trüben oder gar
zerstören lassen. Auch bei dieser Auffassung der Geschichte bleiben
die Lehren von der erlösenden Macht einer ethischen Religion in
ihrem Wesen nicht nur unangetastet, sondern werden gradezu be=

kräftigt, und wird nichts der Verehrung jener großen weltgeschichtlichen Persönlichkeiten geraubt, welche aus der Tiefe eines gotterfüllten Innern dem Emporgang des menschlichen Geschlechts neue und mächtige Impulse gegeben. Aus Nacht zum Licht — dieß ist das Ergebniß unserer gegenwärtigen Geschichtserkenntniß und dieses Ergebniß ist nur im Sinn einer ethischen und theistischen Weltanschauung.

Die Sprache ist es, welche den Menschen äußerlich am meisten vom Thiere unterscheidet. Wir lenken daher auf dieselbe hier nach unsere Aufmerksamkeit, da ihre Entstehung ein Problem der Urgeschichte bildet.

Die Fragen, ob die Sprache von Natur aus dem Menschen gegeben oder ob sie ein Werk seiner Erfindung sei, ob ihn eine innere Nothwendigkeit zum Sprechen treibe oder ob dieß eine Sache seiner Willkür, ob die einzelnen Worte als Namen für die Dinge von den Eigenschaften derselben bedingt oder ob sie zufällig für sie gewählt und allmählich durch Uebereinkunft festgestellt worden seien, bilden alte Controversen in der Philosophie. Die Lösung dieser Probleme eröffnet zugleich einen tiefen Einblick in die Natur des menschlichen Geistes und seine Verschiedenheit von der Seele des Thieres. Zwar ist man neuestens auch geneigt, die Sprache dem Thiere zu vindiciren, aber einer umsichtigen Untersuchung erweist sich diese Annahme nicht. Hätten die Thiere eine Sprache, so hätten sie auch eine Geschichte, wie der Mensch sie hat, denn in der Sprache besäßen sie das Mittel der Mittheilung ihrer Erfahrungen und des Unterrichts ihrer Nachkommen, und so würden sie Fortschritte machen wie die Menschheit, indem das Kapital ihrer Erfahrungen sich immer mehr anhäufte und sie immer besser orientirte in der Welt. Die Thierschilderungen des Plinius, sagt Fritz Schultze, passen genau auf die Thiere von heute. Sie haben nichts erfunden, sie fangen ihre Beute und bauen ihre Nester wie am Anfang, sie sind in ihren Anschauungen, Begierden und Lebensverhältnissen dieselben geblieben; daß viele gezähmt wurden aus dem Zustand der Wildheit, verdanken sie dem Einfluß des Menschen, der sich selbst gezähmt hat. Aber selbst die gezähmten Thiere, sich selbst überlassen, fallen in ihren frühern Zustand zurück. Der Sohn des Hundes lernt von seinem Vater nicht die Kunststücke, zu denen dieser erzogen wurde. [1])

Ohne Zweifel machen die Thiere Erfahrungen, denn sonst könnten sie nicht dressirt werden, würden sie Gefahren, die sie glücklich bestanden, nicht zu vermeiden suchen, und Anderes mehr. Aber sie theilen diese Erfahrungen ihren Genossen und Nachkommen nicht mit und machen sie nicht für sie nutzbar. Daß ihnen der Trieb hiezu fehle, wird man nicht behaupten wollen, wenn man die Sorgfalt der Alten für die Jungen, die uns so häufig in der Thierwelt begegnet, und ihre Lock- und Warnungsrufe erwägt. Mit Hilfe einer Sprache wäre diese Mittheilung möglich; da sie nicht stattfindet und doch sicherlich von den Thieren angestrebt wird, so müssen wir schließen, daß dieselben die Sprache als ein Mittel, Anschauungen, Vorstellungen und Gedanken auszudrücken nicht besitzen. Man hat gesagt: das Thier spricht nicht, weil es nichts zu sprechen hat. Doch gewiß hätte es zu sprechen, so gewiß als es Erfahrungen macht und Anschauungen und Vorstellungen in sich gestaltet, und die Mittheilung derselben im Sinne der eigenen Erhaltung wie derjenigen der Genossen wäre. Es sind auch nicht anatomische Hindernisse, welche ihm zu sprechen verbieten. „Vergebens hat man sich bemüht", sagt Bischoff, „den Grund dieses Nichtsprechens bei den Thieren auf Organisationsunterschiede ihres Kehlkopfes und der andern Sprachwerkzeuge zurückzuführen, und z. B. mit Kamper beim Orang-Outang die Gegenwart von zwei unter der Haut gelegenen Luftsäcken im Kehlkopf für das Hinderniß zum Sprechen gehalten. Die genaueste Berücksichtigung aller bei der Tonerzeugung und Articulation betheiligten Verhältnisse konnte keine hinreichenden Verschiedenheiten bei den Thieren und Menschen nachweisen, sowie es denn bekanntlich selbst gelingt, einzelnen Thieren einzelne Worte zu lehren. Nach einer Mittheilung von Leibnitz soll selbst ein Hund

---

[1]) Die Thierseele, eine Psychologie der Thiere. Leipzig 1868, S. 9 ff.

bei Meißen dreißig Worte aussprechen gelernt haben." [1] Der Grund, warum das Thier nicht spricht, darf demnach nur in der Natur seiner Subjectivität gesucht werden, und wenn auch nicht behauptet werden kann, daß das Sprechen der lautliche Ausdruck der Gedanken ist, indem auch bloße Vorstellungen durch das Wort geäußert werden können, so ist doch das Nichtdenken beim Thiere die Ursache seines Nichtsprechens, wie umgekehrt beim Menschen die Kraft der Reflexion auch die Ursache seines Sprechens ist. Denn die Sprache selbst ist ein Werk der Reflexion und insofern auch eine Erfindung des Menschen, welche das Thier so wenig wie andere Erfindungen machen konnte. Diese Ansicht über den Ursprung der Sprache stimmt allerdings nicht mit dem überein, was Wilhelm v. Humboldt und nach ihm Andere hierüber festgestellt haben. Humboldt erklärte: daß der Mensch nur durch die Sprache Mensch sei; um aber die Sprache zu erfinden, mußte er schon Mensch sein. [2] Und in gleichem Sinn ist es wohl zu nehmen, wenn Schelling sagt: „Da sich ohne Sprache nicht nur kein philosophisches, sondern überhaupt kein menschliches Bewußtsein denken läßt, so konnte der Grund der Sprache nicht mit Bewußtsein gelegt werden, und dennoch, je tiefer wir in sie eindringen, desto bestimmter entdeckt sich, daß ihre Tiefe die des bewußtvollsten Erzeugnisses noch bei weitem übertrifft. Es ist mit der Sprache wie mit den organischen Wesen, wir glauben diese blindlings entstehen zu sehen und können die unergründliche Absichtlichkeit ihrer Bildung bis ins Einzelnste nicht in Abrede ziehen." [3]

Ihnen schließen sich an Heyse, welcher die Sprache als ein Naturerzeugniß des menschlichen Geistes, ohne besonnene Absicht und klares Bewußtsein aus seinem innern Instinct mit Nothwendigkeit hervorbrechend, bezeichnet; [4] Steinthal und unter den gegen-

---

[1] Wissenschaftliche Vorträge, gehalten zu München, 1858, Braunschweig 1858, S. 334 ff.
[2] Sämmtl. Werke III, 252.
[3] Einleitung in die Philosophie der Mythologie, S. W. zweite Abtheil. I, 52.
[4] System der Sprachwissenschaft, Berlin 1856, S. 64 ff.

wärtigen Philosophen insbesondere Hartmann, welcher meint, daß, ganz ebenso wie unbezweifelter Weise die zum Theil so hoch ausgebildete Sprache (?) der Thiere oder die Mienen-, Gesten- und Naturlautsprache der Urmenschen in Production wie in Verständniß ein Werk des Instinctes sei, die menschliche Wortsprache eine Conception des Genies, ein Werk des Masseninstincts sein müsse.[1] Die Vernünftigkeit in der Sprache bleibt auch dann erklärlich, wenn sie eben als das, was sie ist, nämlich als ein Product der reflectirenden Intelligenz, die sich in den Formen derselben selbst nach ihrer inneren Logik zum Ausdruck bringen will, begriffen wird. Der Irrthum aber, die Sprache als das Product eines unbewußten Vernunftinstincts zu betrachten, wurzelt vor allem in der irrigen Voraussetzung, daß Vorstellen und Denken ohne Sprache unmöglich seien. So sagt Bleek, daß das Bewußtsein im Menschen erst mit der Entstehung der Worte erwachte, daß sich die Beschaffenheit desselben ganz nach deren Bedeutung richtete und sein Umfang nicht größer sei als die Summe des durch die Worte Ausgedrückten, daß also Sprache und Bewußtsein getrennt gar nicht denkbar seien und das eine nur mit dem andern und durch dessen Entstehung hervortreten konnte.[2] Von hier aus bedurfte es nur noch eines kleinen Schrittes zu dem noch größeren Irrthum, wonach das vernünftige Selbstbewußtsein des Menschen selbst erst eine Folge der Sprache und nicht umgekehrt die Sprache eine Folge dieses Selbstbewußtseins ist. Steinthal selbst[3] und neuestens nun auch Whitney[4] haben nachgewiesen, daß ein Vorstellen und Denken ohne Worte stattfinde. Und in der That, in unmittelbaren Anschauungen erwacht das Bewußtsein und in ihnen, sowie in den reproducirten Vorstellungen besitzt die Denkthätigkeit ihren ersten Stoff, denn sie bearbeiten kann, ohne ihn vorher oder nachher in Worte fassen zu müssen. Der aller-

---

[1] Philosophie des Unbewußten, 2. Auflage, Berlin 1870, S. 245.
[2] Ueber den Ursprung der Sprache. Weimar 1868, S. 57.
[3] Abriß der Sprachwissenschaft, Berlin I, 47 ff.
[4] Die Sprachwissenschaft, bearbeitet und übersetzt von J. Jolly, München 1874, S. 562 ff.

erften Aeußerung einer Vorstellung im Worte mußte die Absicht vor=
ausgehen, mit diesem Laut eine bestimmte Kundgebung zu verbinden,
es mußte also die Reflexion früher sein als das Wort. So aber
war bereits ein Denken ohne das Wort. Und dieses erste Wort
konnte wieder nicht unmittelbar verstanden werden, wenn nicht die
Absicht einer Mittheilung durch das Wort und der mit demselben
verbundene Sinn durch anderweitige, nicht selbst in Worten ge=
äußerte, sondern durch unmittelbare Wahrnehmung zu ergreifende
Umstände, z. B. etwa durch Mimik, denkend erkannt wurde. So
war das Verstehen des Wortes erst die Folge einer vorhergehenden
ohne Worte sich vollziehenden Denkoperation. Das Denken ist
demnach älter als das Wort, welches ein Product des Denkens und
zwar eines bewußten Denkens ist. Auch Peschel [1]) vertritt die Un=
abhängigkeit des Gedankens von seinem Schallausdruck. Immerhin
aber muß zugegeben werden, daß das Bewußtsein, einmal des Wortes
mächtig, nun größtentheils in demselben denkt, und daß die einmal
nach logischer Nothwendigkeit gebildete Sprache wieder die Denk=
thätigkeit selbst mächtig unterstützt. Soll jedoch das Räthsel von
der Entstehung der Sprache einigermaßen aufgehellt werden, so muß
man aus dem Cirkel treten, der in den Behauptungen liegt, daß
ohne Sprache kein Bewußtsein und kein Denken möglich sei.

Von Natur aus besitzt der Mensch seine Stimme als ein Mittel
für die Lauterzeugung. Die ersten Laute, die er ausstößt, können
nur, wie bei den Thieren, Aeußerungen von Affecten gewesen sein,
Rufe der Lust oder des Schmerzes, des Erstaunens oder der Furcht
u. s. w.; denn das Empfindungs= und Gefühlsleben geht der Re=
flexion voran und treibt Thier und Mensch zu unmittelbaren Ob=
jectivirungen, zu Handlungen, Gebärden, Lauten. Ohne Reflexion
nähert sich der Naturmensch einem Gegenstand, der seine Neugierde
erregt, ohne Reflexion macht er eine Gebärde des Erstaunens und
stößt etwa einen Ruf der Freude aus. Diese Kundgebungen von
Affecten werden sogleich von den andern verstanden, weil sie von

---
[1]) Völkerkunde, p. 105.

ihnen mit derselben Nothwendigkeit und in derselben Weise vollzogen, also aus ihrem eigenen Selbstgefühl und Selbstbewußtsein heraus unmittelbar gedeutet werden. Auf dieser ersten Stufe sein Inneres zu äußern, stand wohl einst auch der Mensch mit dem Thier, aber sie war ihm bloß Ausgangspunkt, um sogleich von ihr aus höher zu steigen. Durch die Kraft seiner Intelligenz, wonach er über sich selbst, seine Zustände und seine Vermögen zu reflectiren vermag, lernte er die Gebärde wie den Laut als ein Mittel für die Kundgebung seines Bewußtseins und des innigeren Verkehrs mit seinen Genossen erfassen. Diese Erkenntniß mögen wir Entdeckung nennen; sie war aber nur möglich durch denkende Betrachtung, worin der Mensch sowohl sich selbst, als auch die Außenwelt und wieder das Verhältniß, in dem er zu ihr sich befindet, sich gegenständlich und erkennbar macht. Wenn nun das Thier die Gebärde wie den Laut als Mittel der Aeußerungen für die Vorgänge seines Seelenlebens und doch nicht die Sprache, in welcher Vorstellungen und Erkenntnisse mitgetheilt werden können, besitzt, so folgt, daß es jene Entdeckung, welche der Mensch gemacht hat, nicht machte, und daß es diese Entdeckung nicht machte, weil ihm jene Reflexion, welche über allen unmittelbaren Erscheinungen betrachtend und untersuchend schwebt, nicht zukommt, mit einem Wort, weil es nicht denkt, wie der Mensch denkt, sondern in dem Flusse seiner Vorstellungen, Affecte, Strebungen gleichsam untergetaucht ist und von ihm fortgezogen wird. Die Sprache hat demnach ihren Grund in der höheren Subjectivität des Menschen, die über jeden Inhalt, von dem sie erfüllt ist, sich erheben und ihn, ja sich selbst, zu einem Gegenstand der ruhigen Beschauung machen kann. So können der menschliche Geist und die Seele des Thiers nicht von gleicher Rangstufe sein, und Aeußerungen der letzteren, die wir auf Denkthätigkeit oder Willkür zu deuten verführt werden könnten, müssen aus dem Mechanismus des Vorstellungslebens, welcher auch unmittelbar und ohne Reflexion verständige Combinationen schaffen kann, wie wir dieß in uns selbst beobachten können, abgeleitet werden.

Der Mensch bemächtigt sich des als Mittel der Mittheilung gefundenen und erkannten Lautes und bildet ihn nun für diesen Zweck weiter aus, wie er auch die ursprüngliche Gebärde zu einer kunstvollen Mimik ausgestaltet hat. Sich hervorarbeitend aus kümmerlichen Anfängen, wobei Empfindungslaute und Schallnach=abmungen der Gegenstände, die in Worten bezeichnet werden sollten, als die ersten Träger und Vermittler für die Vorstellungen des Bewußtseins benützt worden sein mögen, wird die Sprache immer mehr ein Werk und eine Erfindung des Menschen. So drückt das Kind, wie Peschel anführt — und dieses Beispiel dient ganz be=sonders zur Illustration und Begründung meiner Anschauungen — seine Bedürfnisse mit den Schreilauten Ma und Pa aus. Die Eltern verstehen dieß als einen Lockruf und das Kind beginnt all=mählich, nachdem es die Erfahrung gemacht hat, daß Mutter und Vater auf diese unmittelbar ausgestoßenen Laute hin sich seiner an=nehmen, derselben sich mit Reflexion zur Herbeirufung der Eltern zu bedienen. Den Rufenden, sowie den Hörenden entstehen auf diese Weise die Worte Papa und Mama als Bezeichnungen für Vater und Mutter.[1]) Und wie es in diesem Falle klar vorliegt, so mögen auch andere Worte aus bloßen Schreilauten hervor=gegangen und gebildet worden sein. Das einzelne Wort wie eine ganze Sprache sind nicht bloß das Werk des Sprechenden, sondern auch des Aufnehmenden, Production und Reception wirken hier un=getheilt zur Feststellung zusammen; denn ein Ruf, der nicht ver=standen und nicht angenommen worden wäre, würde von seinem Urheber als für seine Zwecke nutzlos selbst wieder aufgegeben werden.

So muß man die Sprache und ihre einzelnen Momente als ein Werk des menschlichen Zusammenlebens betrachten, und die Familie, die Horde, das Volk und endlich die Menschheit als ihre Schöpfer bezeichnen. Zum Worte wird der Laut erst durch die Vorstellung, welche der Sprechende wie der Hörende damit verbindet; auch der articulirte Laut ist noch nicht Wort, denn es gibt auch

---

[1]) ib. p. 114.

articulirte Empfindungslaute. Immer umfassender gestaltete sich der Vorstellungskreis des Menschen, immer tiefer sah er in das Wesen der Dinge hinein und dem entsprechend bildete er an seiner Sprache fort, damit sie zum Ausdruck seines gereifteren Bewußtseins wurde. Die Ursprache ist uns verloren, sie ist in ihren Bestand=
theilen längst überwachsen und verborgen unter den Entwicklungen der späteren Zeiten; aber man wird annehmen dürfen, daß ihrer Worte wenige waren und nur den nothwendigsten Bedürfnissen der Mittheilung dienten; daß sie an die Empfindungslaute oder an die in der Außenwelt wahrgenommenen Töne sich anschlossen, als an ein gegebenes Material, in dem aber nun der reflectirende Geist als Herrscher und Bildner waltete. Verwandtschaften und Be=
ziehungen in den Dingen entdeckend, wird er die Schallausdrücke, die er für bestimmte Gegenstände bereits geprägt hatte und gebrauchte, mit leisen Modificationen, wozu solche der Betonung kamen, auch zur Bezeichnung anderer verwendet haben, sobald sie eben irgend eine Aehnlichkeit mit jenen darboten. Derb sinnlich und äußerlich, wie das ganze Bewußtsein des ursprünglichen Menschen, sind seine ersten Auffassungen der Dinge, und so werden die anfänglichen Worte eben nur Aeußerliches und Sinnliches bezeichnen. Aber insofern auch in sinnlichen Erscheinungen Analogien für höhere und geistige Vor=
gänge entdeckt werden, wird das Wort allmählich zum Träger für die Bezeichnung der letzteren und wächst es aus einem bloß mate=
riellen auch zu einem idealen Sinn empor. Dies erweist die Ety=
mologie in den noch literarisch oder lebendig vorhandenen Sprachen durchaus. So führt das französische penser (Denken) und das lateinische pensare (genau abwägen, erwägen) zurück zu pendere, herabhängen lassen (nämlich die Wagschalen), wägen. [1]

In dem, was von einem Gegenstande in den Worten zur Be=
zeichnung und zum Ausdruck kommen soll, spiegelt sich die geistige Individualität des Sprechenden, die Höhe seiner intellectuellen Ent=

---

[1] Bei M. Müller, Vorlesungen über die Wissenschaft der Sprache, 2. Aufl. Leipzig 1870, II p. 374 ff. findet sich eine Reihe solcher Beispiele.

wicklung: der auf das Wesentliche blickende Sinn des Inders und Germanen, wenn sie in dem Worte man und Mensch den Denker ausdrücken; die äußerliche Auffassung des Lateiners, wenn er in homo den aus Erdenstaub Entstandenen bezeichnet; der ästhetische Genius des Griechen, wenn das Wort ἄνϑρωπος den Glanzäugigen bezeichnet, wie Pott will. ¹) Indem erst in der Sprache der Mensch zur Offenbarung seines innern Wesens gelangt, ist es ein treffendes und schönes Wort von Jacob Grimm, wenn er sie den vollen Athem der menschlichen Seele nennt.

Weit schwieriger als die Findung und der Gebrauch von Schallausdrücken für die Bezeichnung von Vorstellungen ist das wechselseitige Verständniß der ursprünglichen Menschen durch die Sprache zu erklären. Wie geschah es, so lautet die Frage, daß der Hörende den Sinn des an ihn gelangenden Lautes erfaßte, daß er denselben auch für sich zum Träger einer Vorstellung oder zum Wort erhob? Eine nothwendige Verbindung zwischen Laut und Sinn findet in den durch Schallnachahmung gebildeten Worten statt; hier konnte der Laut, welcher etwa durch Nachahmung der Stimme eines Thieres oder des Geräusches einer Naturerscheinung den gemeinten Gegenstand bezeichnete, auch nach seinem Sinne leicht verstanden werden. Aber nicht alle Objecte, die der Mensch bezeichnen wollte, lassen sich auf diese Weise andeuten. Hier mußte vor Allem die Gebärde auf Seite des Sprechenden und eine aufmerksame Reflexion auf Seite des Hörenden das Verständniß vermitteln. Die Gebärde, indem sie die Uebertragung eines Schallausdrucks auf ein der gemeinsamen Wahrnehmung unterstelltes Object andeutete, wie wenn ein Mensch beim Anblick der Sonne von Erstaunen ergriffen in einen Schrei ausbrach und dann zugleich auf die Ursache desselben hinwies; die Reflexion, indem sie aus Situation und Handlung des Sprechenden den Sinn seiner Laute enträthseln mußte. Der einmal entstandene und verstandene ursprüngliche Wortschatz aber wird den Ausgangspunkt für weitere Bildungen und ein ihnen

---

¹) Etymologische Forschungen I, 158.

entsprechendes Wachsthum des Verständnisses gegeben haben. Dabei ist nicht zu übersehen, daß der Kreis des Lebens, in welchem sich die ältesten Menschen bewegten, noch eng war und daher eine geringere Summe von Worten ihrem Mittheilungsbedürfniß genügen konnte. Doch über allen Anfängen liegt ein tiefer Schleier, den wir nur schwer zu lüften vermögen; die Kräfte des Instincts waren bei den frühesten Menschen gewiß größer und so mögen auch sie für die Lösung des großen Räthsels herangezogen werden.

Nach allen Erörterungen ist demnach die Sprache ein Werk des Menschen, und zwar aus innerem Drang und aus den Bedürfnissen seines Lebens hervorgehend; aber sie ist nicht reflexionslos producirt und weiter entwickelt; im Gegentheil nur die Erkenntniß, daß die Stimme ein Mittel für die Mittheilung des Innenlebens sei, hat den Menschen dazu geführt, sich dieses Werkzeugs zu bemächtigen und es allmählich für seine Zwecke mehr und künstlicher auszubilden. Als Mittel der geistigen Communication mußte jedes Wort im Verkehr angenommen und festgehalten werden, und so ist die Sprache auch das Product einer Convention, nur muß man sich dieselbe als eine mehr unwillkürlich sich vollziehende Vereinbarung denken.

Zum Schlusse sei noch Häckels Unbekanntschaft mit dem Gebiete der Linguistik gerügt. Er behauptet, daß bei den Buschmännern und Hottentotten die Sprache auf der tiefsten Stufe der Ausbildung und damit auch der Begriffsbildung stehen geblieben sei.[1] Von seinem Freunde Bleek, dessen Jugendabhandlung über den „Ursprung der Sprache" er mit so viel Nachdruck für seine Hypothesen verwerthet, hätte er sich leicht eines besseren belehren lassen können. Ein Sprachgelehrter, wie Martin Haug, findet hingegen, daß die Mundarten der Koi-koin (Hottentotten) eine sehr hohe Entwicklung haben, und zwar eine so hohe, daß ihre höheren und feineren Bestandtheile „nur durch Berührung mit einem civilisirten Volk" sich erworben denken lassen. Besitzen sie doch sogar ein Wort für Humanität! Und ebenso behauptet Haug, daß auch die Sprache

---

[1] Natürliche Schöpfungsgeschichte, S. 652 ff.

der Buschmänner sehr ausgebildet sei, und dieselben in ihrer mündlichen Tradition eine reiche Literatur von Sagen und religiösen Mythen besitzen. „Wer die hohe Entwicklung ihrer (der Hottentotten) Sprache zu würdigen versteht," sagt Peschel, „wer außerdem zu schätzen weiß, daß die Hottentotten fremde Sprachen leicht erlernen und tadellos sprechen, wer nach den Mustern im Reinecke Fuchs von Bleek ihre Gabe bewundert, Thierfabeln fremden Ursprungs für afrikanisches Verständniß umzugestalten, der wird nicht länger dulden, daß die Koi-koin zu den niedrigsten Menschenracen gezählt werden, ja er wird ihnen unter den Halbkulturvölkern eine möglichst hohe Stellung zuerkennen." [1]

Wollen wir daher mild von Häckels „natürlicher Schöpfungsgeschichte" urtheilen, so dürfen wir jedenfalls ein Wort, welches Lichtenberg über die Kosmogonien seiner Zeit aussprach, darauf anwenden, nämlich, daß sie mehr zur Geschichte des menschlichen Geistes als zur Geschichte der Natur gehöre.

[1] Im angeführten Werke S. 141, 491 ff.

Im Verlage von **Theodor Ackermann** in München sind ferner erschienen und durch alle soliden Buchhandlungen zu beziehen:

Huber, Johannes, Die religiöse Frage. Wider Eduard von Hartmann. gr. 8°. 1875. Preis 60 ₰

Frohschammer, J., Die Unfehlbarkeit des Papstes. Offenes Sendschreiben an Se. Excellenz den Herrn Erzbischof von München-Freising Gregor von Scherr, betreffend den Hirtenbrief vom 26. December 1870. gr. 8°. 1871. Preis 40 ₰

— **Die politische Bedeutung der Unfehlbarkeit des Papstes und der Kirche.** gr. 8°. 1869. 2. Auflage. Preis 40 ₰

— **Zur Würdigung der Unfehlbarkeit des Papstes und der Kirche.** gr. 8°. 1869. 3. Auflage. Preis 40 ₰

Montgomery, Edm., Die Kant'sche Erkenntnißlehre widerlegt vom Standpunkt der Empirie. Ein vorbereitender Beitrag zur Begründung einer physiologischen Naturauffassung. Lex. 8°. 1871. Preis 3 ℳ 60 ₰

Rosenkranz, Dr. Wilh., Prinzipienlehre.
I. Theil. **Die Prinzipien der Theologie** nebst Einleitung über die Prinzipienlehre im Allgemeinen. gr. 8°. 1875. Preis 3 ℳ
II. Theil. **Die Prinzipien der Naturwissenschaft.** gr. 8°. 1875. Preis 3 ℳ 60 ₰

Die Unfehlbarkeit des Papstes und die Schwäche der kirchlichen Opposition in Deutschland. Von einem Theologen der evangelischen Kirche in Bayern. gr. 8°. 1871. Preis 40 ₰

Birngiebl, Dr. Eberh., Peter Arbues und die spanische Inquisition. Historische Skizze, zugleich Erläuterung zu W. von Kaulbachs Bilde „Arbues". gr. 8°. 1872. 3. Auflage. Preis 60 ₰